HAPPY 食育シアター

ペープサート＆パネルシアター

チャイルド本社

食育シアター

contents

★ 基本的な絵人形の作り方 ・・・・・・・・・4

第1章
ペープサート

カレーライスのうた ・・・・・・・・・・・・	6
いっしょに遊ぼうトマトちゃん ・・・・・・・	10
おいしい秋クイズ ・・・・・・・・・・・・・	14
お豆腐とお味噌のけんか ・・・・・・・・・	18
おもちつきでござる ・・・・・・・・・・・	22
食べるでござる ・・・・・・・・・・・・・	28

本書の型紙を含むページをコピーして頒布・販売すること、及びインターネット上で公開することは、著作権者及び出版社の権利の侵害となりますので、固くお断りします。また、本書を使用して製作したものを第三者に販売することはできません。

第2章
パネルシアター

おべんとうばこのうた	34
カレーライスのうた	38
海のお魚いただきまーす！	44
だいこんにんじんごぼう	50
食べたらみがこう	54
3つの色の食べ物列車	58

★ コピー用型紙集 ・・・・・・・・・・・・・・・・・・・・・・・・・・ 63

★ 基本的な絵人形の作り方 ★

ペープサート

材料 画用紙、割り箸

作り方

① 型紙をコピーした画用紙に色を塗ります。

② 山折りして貼り合わせ、切り取ります。

③ 割り箸を割らずに挟んで、セロハンテープで留めます。

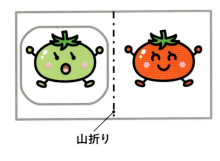  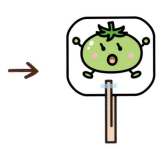

中面がある絵人形 ①・②まで同様に作ります。再度山折りした後、割り箸を1膳ずつ外側の面にセロハンテープで留めます。

パネルシアター

材料 コピー用紙、Pペーパー

作り方

① 型紙をコピーします。コピー用紙の上にPペーパーを載せ、鉛筆で絵を写し取ります。

② 絵の具やポスターカラーマーカーで着色し、油性ペンなどで縁取り、周りを切り取ります。

 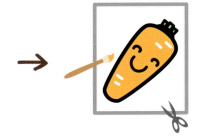

しかけがある絵人形

木工用接着剤で貼り合わせるしかけのある絵人形は、一晩重しをして、しっかりと貼り合わせましょう。重しには、厚みのある本などが適しています。

第1章 ペープサート

画用紙や割り箸といった身近な素材で簡単に作れるペープサート。
セリフや歌に合わせて絵人形を動かして、
表裏の変化が楽しめるように演じてみましょう。

カレーライスのうた

P6

いっしょに遊ぼうトマトちゃん

P10

おいしい秋クイズ

P14

お豆腐とお味噌のけんか

P18

おもちつきでござる

P22

食べるでござる

P28

ペープサート ｜童謡で楽しむお話｜
カレーライスのうた

材料を切って、味つけをして…カレーライスができていく様子を歌に乗せて演じます。思わずおなかが鳴りそうな楽しいシアターです。

案・指導／浅野ななみ
絵人形イラスト／冬野いちご
撮影／林均　モデル／城品萌音

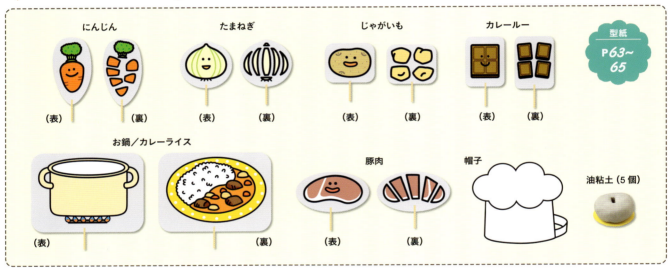

1

- 保育者は、帽子をかぶり、お鍋（表）の絵人形を油粘土に立てます。

（保育者）わたしは、コックさん！
きょうはおいしいカレーライスを作ります。
みんなはカレーの材料を知っている？

- 子どもたちに聞き、答えに合わせて絵人形（表）を出し、油粘土に立てていきます。

（保育者）にんじん、たまねぎ、じゃがいも、豚肉…。
これで材料はそろいました。
さあ、作りましょう。

2 　保育者 では材料を切りますよ。トントントン。

- 右手を包丁のようにして刻むしぐさをし、絵人形をそれぞれ反転させて（裏）にし、切れた食材を見せます。

トントントントン

保育者 材料が切れましたね。
歌に合わせて、これをお鍋で炒めます。

- 「♪カレーライスのうた」をうたいます。

（1番）
♪ にんじん　たまねぎ
　 じゃがいも　ぶたにく
　 おなべで　いためて
　 ぐつぐつ　にましょう

3

- 歌に合わせて、絵人形を順にお鍋（表）に入れるしぐさをし、テーブルの下に戻します。

保育者 煮ている間に問題です。
カレーの味つけには、なにを入れるでしょうか？

- 子どもたちに聞きます。

4 　保育者 カレールー？　大当たり！
他に入れる物は？

- しぐさや表情でヒントを出しながら子どもたちに聞きます。

保育者 なめるとしょっぱい…？
お塩？　大当たり！

では、においをかぐとハックションとくしゃみが出る物…？

こしょう？　大当たり！
さあ、歌に合わせて入れてみましょう。

ハックション

カレーライスのうた

5

- 「♪カレーライスのうた」をうたいます。

(2番)
**♪ おしお　カレールー　そしたら
　あじみて　こしょうを　いれたら
　はいできあがり　（どーぞ）**

- 歌に合わせて、反転させたカレールー（裏）を入れるしぐさ、調味料を入れるしぐさ、味見のしぐさをします。

- 「♪はいできあがり」でお鍋（表）を反転させてカレーライス（裏）を見せ、手を広げて「どーぞ」のしぐさをします。

6

（保育者）わあ、おいしそうなカレーライスができました。では、食べてみましょう。

（保育者）ムシャムシャ、モグモグ。あっ、辛～い！

- スプーンで食べるしぐさのあと、辛い表情をします。

（保育者）お水、お水。ゴクゴク、おいしい！

- コップで水を飲むしぐさをします。

7

保育者 あれ？ あれ？ 不思議…。
なんだか力がもりもりわいて、
元気になってきましたよ。
みんなもいっしょに食べてみる？

8

● 「♪カレーライスのうた」をうたいます。

（3番）
♪ ムシャムシャ　モグモグ
　おみずも　ゴクゴク
　そしたら　ちからが
　もりもりわいてきた　（ポーズ）

● 子どもたちといっしょにうたいながら食べるしぐさを
し、最後は力強いポーズで決めます。

おしまい

♪ **カレーライスのうた**

作詞／ともろぎゆきお　作曲／峯 陽

1. にんじん　　たまねぎ　　じゃ
2. おしお　　　カレールー　　そ
3. ムシャムシャ　モグモグ　　お

がいも　　　ぶたにく　　おこそ
したら　　　あじみて　　おこそ
みずも　　　ゴクゴク　　

なべで　　　いためて
しょうを　　いれたら
したら　　　ちからが

ぐつぐつにましょう
はいできあがり　　（どーぞ）
もりもりわいてきた　（ポーズ）

カレーライスのうた

※原曲からの変遷には諸説あり、今回はこの楽譜を元にストーリー
を構成しました。

ペープサート | 野菜が好きになるお話

いっしょに遊ぼうトマトちゃん

畑村の野菜っ子園に新しくやって来たのは、緑色のトマトちゃん。
「トマト」の歌をうたいながら楽しく演じましょう。

案・指導／浅野ななみ
絵人形イラスト／みさきゆい
撮影／林均　モデル／石塚かえで

★ このシアターに使うもの ★

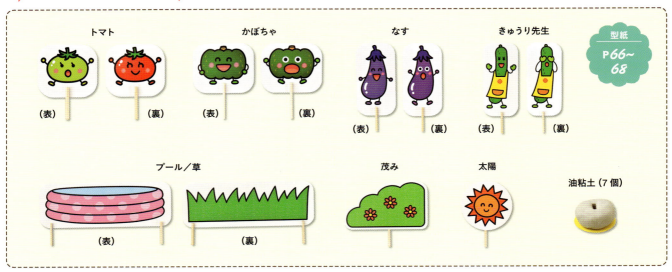

型紙 P66〜68

「きょうから新しいお友達が入りました」

1

● なす（表）とかぼちゃ（表）を油粘土に立て、きゅうり先生（表）とトマト（表）を持ちます。以降、せりふに合わせて絵人形を持ち替えながら動かしましょう。

保育者 きょうはよいお天気です。
ここは畑村の野菜っ子園。

きゅうり先生 きょうから新しいお友達が入りました。
みんな、仲よくしてね。

なす 君って丸くて緑色。キャベツちゃん？

トマト 違う違う！

2

かぼちゃ 緑のピカピカ…ピーマンちゃん？
トマト 違う違うの、ト・マ・ト！
なす かぼちゃ へー、トマトちゃんだって。

● 「♪トマト」の歌をうたいます。

♪ トマトってかわいいなまえだね
　うえからよんでもトマト
　したからよんでもトマト

3

きゅうり先生 さあ、みんな外で遊びましょう。
トマト わたし、外は暑いからいや！
なす プールは涼しいよ。
トマト プールは嫌い。だって泳げないもん。
かぼちゃ 行こうよ行こうよ。大丈夫だよ。

● なす（表）とかぼちゃ（表）を油粘土に立て、プール（表）、太陽を油粘土に立てて出します。

4

● なす（表）とかぼちゃ（表）を片手で持って、プールに飛び込むように動かします。

なす そーれ！
かぼちゃ ジャッポーン！　わあ、きもちいい！
　　　　トマトちゃんもおいで！

● 次にトマト（表）をプールに飛び込むように動かします。

トマト よーし！　わあー、きゃー！
　　　ブクブク、プッファー。ぷっかり。
　　　あっ、浮かんだ！！
かぼちゃ ほーらね。大丈夫だったでしょう。
トマト ほんとだ！
保育者 みんなは、楽しく水遊び。

5

- プール（表）を反転して草（裏）にし、茂みを油粘土に立てて出します。

なす 今度は、かくれんぼしよう！

- きゅうり先生を持って（裏）にします。

きゅうり先生 先生がおにになるわ。1、2、3…。

なす わーい、早く隠れなくちゃ。
ぼくはここに隠れようっと。

かぼちゃ ぼくはこっちに隠れるよ。

- なす（表）とかぼちゃ（表）を油粘土に立て、草（裏）の後ろに隠します。

トマト わたしはどこに隠れようかな……。
あ、そうだ、ここにしようっと。

- トマト（表）を油粘土に立て、茂みの後ろに隠します。

6

- きゅうり先生を（表）にします。

きゅうり先生 7、8、9、10。あれあれ、みんなはどこに隠れたのかしら？　うーん、どこかしら。
あっ、紫色のおなかが見えたわ。
なすくーん、見ーつけた。

- なす（表）を、草（裏）の前に出します。

なす わあ、すぐ見つかっちゃった。

7

きゅうり先生 緑色の大きな肩が見えたわ。
かぼちゃくん、見ーつけた。

- かぼちゃ（表）を草（裏）の前に出します。

かぼちゃ えー、もう見つかっちゃった。
あれ？　トマトちゃんは？

きゅうり先生 まだ見つからないの。どこかしら？

なす どこに隠れたんだろう。

8

トマト うふふ。

なす あれ？　笑い声が聞こえたよ。
どこだ、どこだ？

かぼちゃ あっ！　いたいた。緑色の頭が見えたよ。

きゅうり先生 かわいいトマトちゃん、見ーつけた。

9

● 反転させて（裏）にしたトマトを茂みの前に出します。きゅうり先生（表）を油粘土に立てます。

トマト あはは、見つかっちゃった。

● なすとかぼちゃを反転させて（裏）にし、片手で持ちます。

なす わあ！！！　トマトちゃんが、赤くなってる！

きゅうり先生 「かわいい」って言われて照れちゃったのね。

かぼちゃ 赤い方がもっとかわいいね！
それにお日様に当たって、ぴっかぴかだ！

● 「♪トマト」の歌をうたいます。

♪ トマトってかわいいなまえだね
　うえからよんでもトマト
　したからよんでもトマト

保育者 真っ赤になったトマトちゃん。
元気いっぱいうれしそうですね。

おしまい

いっしょに遊ぼうトマトちゃん

♪トマト　　　　　作詞／荘司 武　作曲／大中 恩

ペープサート｜秋の食べ物クイズ

おいしい秋クイズ

絵人形をクルクル回すと、焼きいもやくりなど、秋の食べ物の形が見えてきます。クイズの場面では子どもたちに問いかけ、全員で盛り上がりましょう。

案・指導／阿部 恵
絵人形イラスト／加藤直美
撮影／正木達郎　モデル／遠藤 都
作り方イラスト／河合美穂

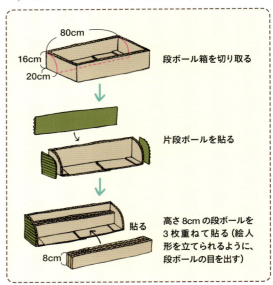

1

- 段ボール舞台の上手（かみて）と下手（しもて）に、コスモス畑①②を立てます。めいちゃん（表）を下手からうたいながら登場させます。

※上手…子どもたちから見て右側
　下手…子どもたちから見て左側

めいちゃん まあ、コスモスがたくさん。

- めいちゃんを反転して（裏）にします。

めいちゃん 白にピンク、かわいいなー。

2

- ともくん（表）を上手から登場させます。
  めいちゃんを反転して（表）にします。

ともくん めいちゃーん、ごめんごめん、遅くなっちゃって。

めいちゃん ううん、コスモスを見ていたから大丈夫。

- ともくんを反転させて（裏）にします。

ともくん コスモス、きれいだね…。
でも、コスモスは秋の花だから、
楽しかった夏が終わって、なんだか寂しいなー。

3

- ともくんを反転させて（表）にし、めいちゃん・ともくんを、会話をしているように動かしながら演じます。

めいちゃん そんなことないわよ。秋は運動会や遠足があるわ。
それに、ともくんの大好きな食欲の秋じゃない！

ともくん 食欲の秋？

めいちゃん そう、秋はおいしい物がたくさんあるのよ。

ともくん あっ、そうか。

めいちゃん そうだ、ともくん、「おいしい秋クイズ」しない？

ともくん 楽しそう！　しよう、しよう！

4

- めいちゃん・ともくんを段ボール舞台に立てます。

めいちゃん じゃあ、わたしからね。
「おいしい秋クイズ」第1問！

- 焼きいも（表）を出します。

めいちゃん コロンとしていて、焼いて食べると
ホクホクして甘い物、なあに？

5

ともくん ホクホクして甘い物…。
あっ、わかった。焼きいも！

めいちゃん そうかな…？

- 焼きいもをクルクル回転させます。

めいちゃん 大当たり！　焼きいもでした。

ともくん わあ、おもしろい。
ぼく、焼きいも大好き。

15

6

「第2問！」

なあに？

ともくん 今度はぼくの番ね。
「おいしい秋クイズ」第2問！

● くり（表）を出します。

ともくん いがいがのおうちで、
中においしい実があるのは、なあに？

7

めいちゃん いがいがのおうち…？　わかった、くり！

ともくん そうかな…？

● くりをクルクル回転させます。

ともくん 大当たり！　くりでした。
ぼく、くりごはんが大好き。
なん杯でも食べられるよ。

クルクル　クル〜

くりでした

8

「第3問！」

なあに？

めいちゃん 今度はわたしね。
「おいしい秋クイズ」第3問！

● ぶどう（表）を出します。

めいちゃん 丸くておいしい玉が
たくさん集まっている果物って、なあに？

9

ともくん 丸くておいしい玉がたくさん…？
あっ、わかった。ぶどう！

めいちゃん そうかな…？

● ぶどうをクルクル回転させます。

めいちゃん 大当たり！　ぶどうでした。

クルクル　クル〜

ぶどうでした

10

ともくん ぶどうも大好き！　次はぼくの番だね。
「おいしい秋クイズ」第4問！

● なし（表）を出します。

ともくん とってもみずみずしい果物で、
みんなが、あるのに「ない、ない」って
言うのはなあに？

11

めいちゃん みずみずしい果物…？　これはわたしも
大好きだから、すぐにわかった。なし！

ともくん 答えだよ…。

● なしをクルクル回転させます。

ともくん 大当たり！　なしでした。

12

● ともくん・めいちゃんを、会話をしているように
動かしながら演じます。

ともくん ねえ、めいちゃん。秋も楽しいね！

めいちゃん そうだね。おいしい物をたくさん食べて、
たくさん遊ぼう。

● ともくん・めいちゃんを持ちながら、笑顔で言います。

ともくん **めいちゃん** おいしい秋、大好き！　大好き！

おしまい

ペープサート ｜ゆかいな昔話｜

お豆腐とお味噌のけんか

お豆腐やお味噌になりきって、表情豊かに演じましょう。

原作／広島県の民話　脚本・指導／山本和子
絵人形イラスト／うちべけい
撮影／林均　モデル／原田舞美

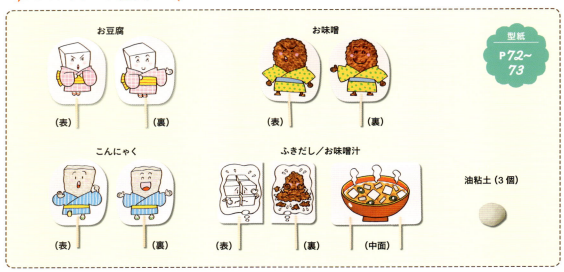

★ このシアターに使うもの ★

お豆腐（表）（裏）　お味噌（表）（裏）
こんにゃく（表）（裏）　ふきだし／お味噌汁（表）（裏）（中面）
油粘土（3個）

型紙 P72〜73

1

お豆腐のお味噌汁は好き？

保育者　みんな、お豆腐のお味噌汁は好き？
　　　　おいしくて体にもいいよね。

● お豆腐（表）とお味噌（表）を出します。

保育者　でも、むかしむかし、
　　　　お豆腐とお味噌はとても仲が悪くて、
　　　　けんかばかりしていたんですって。

2

（保育者）あれっ、
お豆腐が悪口を言いだしましたよ。

● お豆腐を少し前に出して、
話しているように動かします。

（お豆腐）お味噌って、わたしみたいに
色が白くないし、へ〜んな匂い。
いっしょに煮られたら、
わたしの白い体までお味噌色になって、
匂いがついちゃう。まっぴらだわ！

3

（保育者）お味噌も負けていません。

● お味噌を少し前に出して、
話しているように動かします。

（お味噌）ふん、なんだい、
みんなぼくの色も匂いも大好きなんだ。
だから、毎日お味噌汁を
飲んでくれてるだろう。
お豆腐なんて白くったって、
味がないじゃないか。

4

● お豆腐をお味噌に近づけ、話しているように動かします。

（お豆腐）わたしに味がないなんて、とんでもないわ。
味のよい物といっしょに煮れば、
いくらでもおいしくなれるんだから。
いつも同じ、へんな味のお味噌とは違うのよーだ。

（保育者）ねえ、みんな、
こんなに悪口を言ってもいいのかな？
そう、よくないよね。
でも、お豆腐もお味噌もけんかをやめません。

5

● お豆腐を油粘土に立て、お味噌を話すように動かしながら、
ふきだし（表）を中央に出します。

（お味噌）なんだとー！？ お豆腐なんかいつも包丁で、
トントン切られてばかりいるじゃないか。
おまけにお箸でつっ突けば、
すぐに崩れて、ボ〜ロボロ。

お豆腐とお味噌のけんか

6
- 今度はお味噌を油粘土に立て、お豆腐を話すように動かしながら、ふきだしを反転して（裏）にします。

お豆腐　まあ、なんですって！
　　　　お味噌なんて、どろどろ〜っと、
　　　　形も残らず溶けちゃうじゃない。
　　　　お豆腐は、どんなに小さくなってもお豆腐よ！

7
- ふきだしをテーブルの下に戻し、お豆腐とお味噌を持って近づけ、にらみ合うように動かします。

お味噌　うーん、もう我慢できないぞ！
お豆腐　こっちこそ、もう我慢できないわ！
保育者　わあ、たいへん！　お豆腐とお味噌は、
　　　　今にも取っ組み合いのけんかになりそう。
　　　　そのとき……。

8
- お豆腐とお味噌を離して油粘土に立て、こんにゃく（表）を離れた所から出して、中央に向かって動かします。

こんにゃく　待った、待った、そのけんか、待ったー！
保育者　飛び出して来たのは、こんにゃくです。
こんにゃく　つまらないけんかをしちゃいけないよ。
　　　　　まあ、このわたしを見てごらん。
　　　　　灰色だし、切られるわ、ちぎられるわ、
　　　　　さんざんだ。おまけに、味もないときてる。
- こんにゃくを話しているように動かします。

9
保育者　お豆腐とお味噌は、
　　　　こんにゃくをじっと見ています。
こんにゃく　いいかね、お豆腐もお味噌も、
　　　　　大豆からできているんだから、
　　　　　親せきじゃないか。
　　　　　わたしなんか、親せきもいなくて、
　　　　　いつも一人ぼっちなんだ。
保育者　わあ、お豆腐とお味噌は親せきなんだって。
　　　　ねえ、みんな、お豆腐とお味噌は
　　　　どうしたらいいと思う？
- 子どもたちに尋ねます。

10

- こんにゃくを油粘土に立てます。お豆腐とお味噌を持ち、反転して（裏）にし、握手するように動かします。こんにゃくも反転して（裏）にします。

保育者 そうね、仲よくした方がいいわね。
みんなで言ってみようか。
1、2の3！　仲よくしよう！

お豆腐 みんな、ありがとう！
わかった、お味噌さんと仲よくするわ！
わたしたち、親せきなんだしね。

お味噌 みんなやこんにゃくさんの言う通りだね。
お豆腐さんと仲よくするよ。
こんにゃくさんも仲間になってね。

11

- お豆腐、お味噌、こんにゃくを楽しそうに動かします。

保育者 こんにゃくも大喜び。
それから、お豆腐とお味噌はすっかり
仲よしになりました。よかったですね！

お豆腐 お味噌さん、いっしょにお味噌汁になりましょう！

お味噌 うん、こんにゃくさんも入ってね。

12

- お豆腐、お味噌、こんにゃくを油粘土に立てます。ふきだしを再び出して広げ、切ったお豆腐とお味噌を見せてから、広げたまま反転して、お味噌汁（中面）にします。

保育者 さあ、お豆腐とお味噌で作った
熱々のお味噌汁ができましたよ！
お友達のこんにゃくも入って、
心も体もぽっかぽかになれそう。
熱そうだから、みんなも、
いっしょに吹いてね。

- 子どももいっしょに吹くまねをします。

保育者 ふーっ、ふーっ、ふーっ、いただきまーす！

おしまい

ペープサート | 行事を楽しむお話

おもちつきでござる

3人の忍者がお餅をつき終えると、おいしい物が大好きなねこ忍者が現れて…。
お餅つきを大きな動きで表現すると子どもたちも大喜びです。

案・指導／山本和子
絵人形イラスト／アキワシンヤ
撮影／林均　モデル／大貫真代

★ このシアターに使うもの ★

型紙 P74〜76

1

- お師匠様（表）を登場させ、せりふに合わせて、黄色忍者（表）を登場させます。

保育者 きょうは忍者屋敷の、お餅つきの日。
お師匠様は、張りきっています。

お師匠様 さあ、お餅つきを始めるぞ。
おーい、黄色忍者、出てまいれ。

黄色忍者 はーい、お師匠様！

お師匠様 最初は、水に浸しておいたもち米を、
軟らかくなるまで、蒸すのじゃ。
黄色忍者がやりなさい。

黄色忍者 よーし、こういうときにぴったりの、
あの忍術で…。

2

- お師匠様を油粘土に立てて、黄色忍者を開いて（中面）を見せ、動かします。

黄色忍者 忍法、蒸し蒸しの術〜！
どろろん、ぱっ！！

保育者 うわあ、すごい！
もくもくもっくもく〜！！
お湯が沸いて、湯気がもっくもく！
どんどんもち米を蒸していますよ。

3

- 黄色忍者とお師匠様を（裏）にし、せりふに合わせて動かしてから、黄色忍者（裏）を油粘土に立てます。

黄色忍者 わあい、もち米が軟らかくなったぞ。
お師匠様、もち米が
蒸しあがったでござる。

お師匠様 おお、見事、見事！

おもちつきでござる

4

- お師匠様を（表）にして、緑忍者（表）を登場させます。

（お師匠様）次は、おーい、緑忍者出てまいれ。

（緑忍者）はーい、お師匠様。

（お師匠様）臼に入れたもち米を、
熱いうちに、きねでよーくこねるのじゃ。
スピードを出してやらないと、冷めてしまって、
うまくつけなくなるぞ。緑忍者、すぐにやりなさい。

（緑忍者）急いでこねなくちゃ！
そうだ、今特訓中のあの忍術で…。

5

- お師匠様を油粘土に立て、緑忍者を開いて（中面）を見せ、回転するように動かします。

（緑忍者）忍法、スピードこねこねの術！
どろろん、ぱっ！！

（保育者）わあ、きねがすごい速さで回って、
熱々のもち米を、
くるくる、ぎゅっぎゅっ！　って、こねていますよ。
くるくる、ぎゅっぎゅっ！
くるくる、ぎゅっぎゅっ！

6

- 緑忍者とお師匠様を（裏）にし、せりふに合わせて動かしてから、緑忍者を油粘土に立てます。

（緑忍者）よし、もち米が潰れて、
お餅っぽく、まとまってきたぞ。
お師匠様、もち米を
こねこねできたでござる。

（お師匠様）おお、見事、見事！

7

● お師匠様を（表）にして、赤忍者（表）を登場させます。

お師匠様 おーい、今度は赤忍者、出てまいれ。

赤忍者 はーい、お師匠様。

お師匠様 いよいよ、
お餅をぺったんぺったんと、つくのじゃ。
つぶつぶを残さないようにな。

赤忍者 よーし、得意のあの忍術で、
おいしいお餅に仕上げるわ！

8

● お師匠様を油粘土に立てて、赤忍者を開いて（中面）を見せ、上下に動かします。子どもたちにも、声を出して応援してもらいましょう。

赤忍者 忍法、分身の術！　どろろん、ぱっ！！

保育者 うわあ、赤忍者がいっぱい、
ぺったん、ぺったんってついていますよ。
ねえみんなも、ぺったん、ぺったんって
言って、応援しようよ。
せーの、ぺったん、ぺったん！

9

● 赤忍者とお師匠様を（裏）にして油粘土に立て、
油粘土に立てたお餅（表）を出して、
せりふに合わせて動かします。

赤忍者 やったあ！　おいしいお餅がつきあがったわ。
お師匠様、お餅がつけました！

お師匠様 おお、見事、見事！
おいしそうなジャンボ餅が5つもできたぞ！

ねこ忍者 おいしそうなお餅だにゃあ。
でも、なにか味をつけて食べると、
もっとおいしいのににゃあ。

● お師匠様を（表）にします。

お師匠様 むむっ、その声は！

おもちつきでござる

10

- お師匠様（表）を油粘土に立て、ねこ忍者（表）を登場させます。

ねこ忍者 お料理が得意なねこ忍者、参上〜！
ぼくが、おいしい味をつけてあげる。

11

- 「どろろん、ぱっ！！」でお餅を（裏）にして、せりふに合わせてねこ忍者も（裏）にします。

ねこ忍者 忍法、お餅うまうま変身の術！
どろろん、ぱっ！！

保育者 うわあ、お餅においしそうなトッピングが！
あんこ餅に、きなこ餅、納豆餅に、
大根おろしのからみ餅。
どれもおいしそう！
でも、あれあれ…、5つあったお餅が、
1つ足りませんよ。

ねこ忍者 えへへ、ぼくは、
かつおぶしをまぶしたおかか餅が、
大好きにゃんだ。いただきまーす！

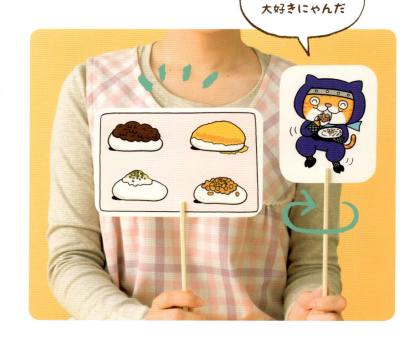

12

- お師匠様を（裏）にしてお餅に近づけ、食べるように動かします。

お師匠様 よし、みんなも食べなさい。
わしは、あんこ餅をいただくぞ。

- お師匠様を油粘土に立てます。黄色忍者（裏）、緑忍者（裏）、赤忍者（裏）をせりふに合わせてお餅に近づけ、食べるように動かしてから、油粘土に立てます。

黄色忍者 ぼくは、あまくておいしいきなこ餅！
もぐもぐ、ああ、おいしい！

緑忍者 ぼくは、さっぱりピリリ、大根のからみ餅！
むしゃむしゃ、うん、おいしい！

赤忍者 わたしは、ねばねば元気、納豆餅！
ぱくぱく、わあい、おいしい！

13

- ねこ忍者と黄色忍者、緑忍者と赤忍者を、両手に2つずつ持って子どもたちに語りかけます。

保育者 みんなは、どんなお餅が食べたい？
忍者たちはおなかいっぱいお餅を食べて、
ますます元気になりました。
よかったですね。

おしまい

おもちつきでござる

ペープサート｜栄養バランスのお話

食べるでござる

忍者の里では、赤・黄色・緑の3人の忍者が修行中。そこにお菓子が大好きなねこ忍者が現れて…。食の大切さを楽しく伝えるシアターです。

案・指導／山本和子
絵人形イラスト／アキワシンヤ
撮影／林均　モデル／伊藤有希菜

★ このシアターに使うもの ★

1

(保育者) ここは、忍者の里。
お師匠様がやって来ましたよ。

● お師匠様(表)を出します。

(お師匠様) これから忍術の修行を始めるぞ。
おーい、赤忍者。出てまいれ。

● 赤忍者(表)を出します。

(赤忍者) はーい、赤忍者、参上…。

(お師匠様) おや、どうしたのじゃ？

(赤忍者) なんだか力が出てこなくて、
元気が出ないのでござる。

28

2

- **お師匠様** そんなときは、赤巻物を出すのじゃ。
- **赤忍者** これでござるか？ ほいっと。
- ●赤巻物（表）を出し、油粘土に立てます。
  赤忍者も油粘土に立てます。
- **赤忍者** 「からだを つくる あかの たべもの」と
  書いてあるぞ。でも、巻物で元気になるのかな？
- ●お師匠様を（裏）にします。
- **お師匠様** 見ておるがよい。忍法、赤巻物の術！
  どろろん、ぽ〜ん！

3

- ●赤巻物を（裏）にします。
- **保育者** なんと、お師匠様の忍術で赤巻物から
  ハンバーグと塩じゃけと卵焼きがぽーん！
- ●お師匠様を（表）にし、赤忍者を持ってせりふに合わせて動かします。
- **赤忍者** うわー！ おいしそう！
- **お師匠様** 肉や魚、卵など、赤の食べ物は
  強い体を作るのだぞ。さあ、食べなさい。
- **赤忍者** そういえば、肉も魚も卵も食べていなかったな。
  いただきまーす！ もぐもぐパクパク。ああ、おいしい！

4

- ●赤忍者を（裏）にします。
- **赤忍者** わあい、赤の食べ物を食べたら
  筋肉モリモリ！
  体が大きくなる気がするぞ！
- **お師匠様** ちゃんと食べることも
  忍術の修行じゃぞ。
- **赤忍者** はーい！ 食べるでござる！
- ●赤忍者を油粘土に立て、
  赤巻物をテーブルの下に戻します。

食べるでござる

5

- お師匠様　次は、黄色忍者。出てまいれ。
- 黄色忍者（表）をふらふらと登場させます。
- 黄色忍者　はーい。ふらふら〜、ふらふら〜。
- お師匠様　どうしたのじゃ？
- 黄色忍者　なんだかすぐ疲れちゃって
力が出ないんです〜。
- お師匠様　そんなときは、黄色巻物を出すのじゃ。
- 黄色巻物（表）を出し、2・3・4と同様に絵人形を動かします。
- お師匠様　忍法、黄色巻物の術！　どろろん、ぽ〜ん！
- 黄色忍者　おいしそう！　いただきまーす！
もぐもぐパクパク。黄色の物を食べたら
力がわいてきたでござる！
- 黄色忍者を油粘土に立て、
黄色巻物をテーブルの下に戻します。

6

- お師匠様　今度は、緑忍者。出てまいれ。
- 緑忍者（表）を出します。
- 緑忍者　はーい。ぐすん、ぐすん。こほん、こほん。
- お師匠様　どうしたのじゃ？
- 緑忍者　かぜをひいて
体がすっきりしないのでござる。
- お師匠様　そんなときには、緑巻物を出すのじゃ。
- 緑巻物（表）を出し、5と同様に絵人形を動かします。
- お師匠様　忍法、緑巻物の術！　どろろん、ぽ〜ん！
- 緑忍者　わあ、おいしそう！　いただきまーす！
もぐもぐパクパク。緑の物を食べたら
体がすっきりいい調子でござる！
- 緑忍者を油粘土に立て、緑巻物をテーブルの下に戻します。

7

お師匠様 だが、よいかな、みんな。
赤の食べ物も、黄色の食べ物も、
緑の食べ物も、いろいろな物を
バランスよく食べるとよいのじゃぞ。

● ねこ忍者（表）を出します。

ねこ忍者 どうしてなのかにゃあ？　ぼくは、
お菓子ばっかり、いっぱい食べているにゃ。
お菓子しか食べなくても平気、平気！

お師匠様 むむ、なに者じゃ？

ねこ忍者 ねこ忍者、参上にゃあ！
忍術の腕くらべに来たのにゃ！

8

お師匠様 受けて立つぞ！　ぴょんぴょんジャンプの術で勝負じゃ！
赤忍者、相手をいたせ！

● お師匠様を油粘土に立てて、赤忍者（裏）を持ちます。
ねこ忍者を（裏）にし、せりふに合わせて動かします。

赤忍者 忍法、ぴょんぴょんジャンプの術！　びゅーん！

ねこ忍者 身軽なぼくは、ジャンプの術が得意だにゃん！
それ、にゃにゃーん！　あれれ？　にゃにゃ〜？

保育者 ねこ忍者は、高く跳べません。
赤忍者の勝ちのようです。

9

● ねこ忍者（裏）を傾けて持ち、落ち込んだように動かします。

ねこ忍者 にゃんてこった！
負けちゃうなんて、がっくーん！

赤忍者 それはね、ぼくがお肉や魚の
赤の食べ物を食べて元気だからだよ。

ねこ忍者 ぼくも赤の食べ物を食べにゃいと！

● 赤忍者を油粘土に立て、赤巻物（表）を出して油粘土に立て、
せりふに合わせて（裏）にします。

赤忍者 今、出してあげるね。
忍法、赤巻物の術！　どろろん、ぽ〜ん！

食べるでござる

31

10

どろろん、ぽ〜ん！

- 9と同様に、黄色忍者と黄色巻物、緑忍者と緑巻物を出して動かします。

黄色忍者 黄色の食べ物は、力が出るよ。
忍法、黄色巻物の術！　どろろん、ぽ〜ん！

緑忍者 緑の食べ物は、体の調子がよくなるよ。
忍法、緑巻物の術！　どろろん、ぽ〜ん！

- 黄色忍者、黄色巻物、緑忍者、緑巻物を油粘土に立て、お師匠様とねこ忍者を持ちます。

ねこ忍者 わあ、どれもおいしそう！
食べてもいいのかにゃあ？

お師匠様 さあさあ、食べなさい。
みんなもいっしょに食べよう！

ねこ忍者 いただきまーす！

11

- ごちそうを食べるようにねこ忍者（裏）を動かします。

保育者 ねこ忍者は、みんなといっしょに
もぐもぐパクパク。すると…。

- ねこ忍者を（表）にします。

ねこ忍者 わあ、とっても元気になるにゃあ！
お菓子しか食べないのは、もうやめよう。
それに、ぼく、いいことに気がついたにゃ。

お師匠様 ほほう、いいことって、なにかな？

ねこ忍者 あのね…。みんなで食べると、
とってもとってもおいしいにゃあ！

もぐもぐパクパク

とっても元気になるにゃあ！

12

忍法、元気いっぱいの術！

お師匠様 見事じゃぞ、ねこ忍者！
赤の食べ物も、黄色の食べ物も、
緑の食べ物も、いろいろな食べ物を
友達といっしょにおいしく食べる！
これが、忍法、元気いっぱいの術！

保育者 忍法、元気いっぱいの術を
みんなも使ってみてね！

おしまい

第2章
パネルシアター

Pペーパーに描いた絵人形を、
パネルに貼ったりはがしたりして演じるパネルシアター。
子どもたちの反応を確認しながら、表情豊かに演じましょう。

おべんとうばこの
うた
P34

カレーライスの
うた
P38

海のお魚
いただきまーす!
P44

だいこん
にんじん
ごぼう
P50

食べたら
みがこう
P54

3つの色の
食べ物列車
P58

パネルシアター ｜童謡で楽しむお話｜
おべんとうばこのうた

おなじみの手遊び歌に合わせてお弁当を作る、楽しいシアターです。
お弁当に入れる食材を増やして、いろいろなお弁当作りを楽しみましょう。

案・指導／山本和子
絵人形イラスト／すぎやままさこ
撮影／林均　モデル／堤なぎさ

★ このシアターに使うもの ★

お弁当箱	フォーク	カップ	おにぎり①	おにぎり②	きざみしょうが	ごま塩

型紙 P81〜83

にんじん	さくらんぼ	しいたけ	ごぼう	れんこん	ふき	サンドイッチ

ハンバーグ	卵焼き	そらまめ	ブロッコリー	プチトマト	ウインナソーセージ	みかん	いちご

1

保育者 きょうはお弁当を作ってみますよ！

♪ これくらいの
　おべんとうばこに

● 「♪おべんとうばこのうた」をうたいながら、お弁当箱を貼ります。

2
♪ おにぎり　おにぎり
　　ちょいとつめて
　　きざーみしょうがに
　　ごましおふって

- おにぎり①②ときざみしょうがをお弁当箱に入れ、ごま塩を振って横に貼ります。

♪あなーのあいた

♪すじーのとおった
♪ふ〜き

3

♪ にんじんさん　さくらんぼさん
　　しいたけさん　ごぼうさん
　　あなーのあいた　れんこんさん
　　すじーのとおったふーき

- 歌に合わせて食材を入れていきます。れんこんは指で作った穴をのぞき、ふきは持った腕を伸ばしてお弁当箱に入れます。最後にフォークとカップを貼ります。

4
（保育者）わあい、おいしそうな
　　　　お弁当ができましたよ！
　　　　いただきまーす！

- 食べるまねをして食材を外し、お弁当箱を空にします。

（保育者）ああ、おいしかった。
　　　　ごちそうさまでした。

できましたよ！

いただきまーす！

おべんとうばこのうた

5

[サンドイッチ] おーい、おーい！
[保育者] あれれ、誰かな？
● 耳を澄ますしぐさをします。

● サンドイッチを出します。
[サンドイッチ] わたし、サンドイッチ。
　　　　　　　　わたしもお弁当箱に入りたいな。

6

[保育者] いいわ。じゃあ、新しいお弁当を作りましょう。
[サンドイッチ] わーい！　でも、わたしだけじゃ寂しいな。
　　　　　　　　友達を呼んでもいい？
　　　　　　　　ねえ、ハンバーグくーん！

7

[ハンバーグ] は〜い。ぼくも友達を呼ぼう。
　　　　　　　　おーい、卵焼きちゃーん！
[卵焼き] はーい。
● サンドイッチはハンバーグを、ハンバーグは卵焼きを、卵焼きはそらまめを…と、それぞれ友達を呼んで、お弁当箱の上下に食材を並べていきます。

8

[保育者] お友達がたくさんだね。
　　　　　　　では、さっそく作りましょう！
● パネルに並べた食材で、「♪おべんとうばこのうた」の替え歌をうたいます。

9

♪ これくらいの　おべんとうばこに
　サンドイッチ　サンドイッチ　ぱっとつめて
　ケチャップかぶった　ハンバーグいれて
　たまごやきさん　そらまめさん
　ブロッコリーさん　プチトマトさん
　たこにへんしん　ウインナさん
　あまくてすっぱい　みかん

● お弁当箱の中央を少し空けて食材を詰めていきます。

10

保育者 できあがり！　さあ、食べよう。
あれ？　誰かの声がするよ？

いちご ねえ、待って！
わたしもお弁当箱に入れてー。

● いちごがお弁当箱の空いている所に、ピョコンと入るように入れます。

11

保育者 それではみんなで、
いただきまーす！

● 食材をパネルから外して、食べるまねをします。

保育者 ごちそうさまでした。

おしまい

替え歌アレンジ

♪これくらいの　おべんとうばこに
　コッペパン　コッペパン　ひょいとつめて
　からりとあがった　からあげいれて
　やきじゃけさん　レタスさん
　プチトマトさん　バナナさん
　もくもくあたまの　ブロッコリーさん
　くるくる　まきまき　スパゲッティー

※替え歌をアレンジして、いろいろな組み合わせで楽しみましょう。

♪ おべんとうばこのうた　　　　わらべうた

これくらいの　おべんとうばこに　おにぎりおにぎりちょいとつめて
きざーみしょうがに　ごましおふって　にんじんさん　さくらんぼさん　しいたけさん
ごぼうさん　あなーのあいたれんこんさん　すじーのとおったふーき

パネルシアター ｜童謡で楽しむお話｜

カレーライスのうた

歌に合わせておいしいカレーライスを作りましょう。
子どもたちといっしょにうたいながら演じる、楽しいシアターです。

案・指導／山本和子
絵人形イラスト／すぎやままさこ
撮影／林均　モデル／池田裕子

★ このシアターに使うもの ★

型紙 P84〜85

1

● 保育者はパネルにお鍋を貼っておきます。

(保育者) さあ、カレーライスを作りますよ！

♪ にんじん　たまねぎ
　 じゃがいも　ぶたにく

● 「♪カレーライスのうた」をうたいながら、にんじん、たまねぎ、じゃがいも、豚肉を貼ります。

2

「切れましたよ」

（保育者）ここで、材料を切りましょう。
　　　　　トントン、トントン。

- 両手を包丁とまな板に見立てて、パネルから1つずつ食材を外し、切るまねをします。全てを切り終えたら、切った材料を見せます。

（保育者）さあ、切れましたよ。

トントン
トントン

カレーライスのうた

3

♪ おなべで　いためて
　ぐつぐつ　にましょう ♪

- 切った材料をお鍋の中へさし込み、湯気が立っているように手を動かします。

4 ♪ おしお　カレールー

- 歌に合わせて、お塩を振るしぐさをしてからお鍋の横に貼り、カレールーをお鍋の中にさし込みます。

♪ そしたら　あじみて
- 味をみるしぐさをします。

♪ こしょうを　いれたら
- こしょうを振るしぐさをしてから、お鍋の横に貼ります。

5

保育者 さあ、ふたをして煮込みますよ。
おいしくなあれ、コトコト、コトコト。
カレーライス、できるかな？
できるかな？

- お鍋のふたの裏にカレーを重ねて持ち、閉じるように貼ります。

6

保育者 コトコト、コトコト煮込んだら、
♪はい　できあがり

● お鍋のふたを外します。

保育者 わあ、おいしそう！

カレーライスのうた

7

保育者 よし、カレーをごはんの上にかけましょう。
はい、とろりん。

● お皿を貼って、上にカレーを貼ります。

保育者 お水と、スプーンも用意して…と。
では、いただきまーす！！

● お水とスプーンを貼ります。

8

♪ **ムシャムシャ　モグモグ**
● スプーンを持って、食べるしぐさをします。

♪ **おみずも　ゴクゴク**
● お水を持って、飲むしぐさをします。

9

♪ **そしたら　ちからが
　　もりもり　わいてきた**
● ガッツポーズをします。

保育者 ああ、おいしかった！
　　　　ごちそうさま。

おしまい

♪ **カレーライスのうた**　　作詞／ともろぎゆきお　作曲／峯 陽

1. にんじん　たまねぎ　じゃがいも　ぶたにく　おなべで　いためて　ぐつぐつにましょう
2. おしお　カレールー　そしたら　あじみて　こしょうを　いれたら　はいできあがり
3. ムシャムシャ　モグモグ　おみずも　ゴクゴク　そしたら　ちからが　もりもりわいてきた

※原曲からの変遷には諸説あり、今回はこの楽譜を元にストーリーを構成しました。

グレードアップ バージョン

年齢に応じて、栄養バランスの話を
してみましょう。子どもたちの食への興味を
さらに深めることができます。

保育者 でも、どうしてカレーライスを食べると、
力がもりもりわいてくるんだと思う？
それはね…。

食べ物には、力のもとになる黄色の食べ
物と、体の調子をよくする緑の食べ物と、
体を作る赤の食べ物があるんですって。

● 赤と黄色と緑の食べ物のカードを貼ります。

保育者 黄色の食べ物は、ごはんやパンやうどんやパスタ。
だから、カレーライスのごはんは、黄色の食べ物。

緑の食べ物は、野菜や果物。にんじんとたまねぎと
じゃがいもは野菜だから、緑の食べ物ね。

赤の食べ物は、肉や魚。あっ、カレーライスに入っている
豚肉は、肉だから赤の食べ物だ。

カレーライスには、黄色の食べ物も、
緑の食べ物も、赤の食べ物も、全部入っているから、
力がもりもりわいてくるのね。
みんなも、カレーライスを召し上がれ！

● ごはん、にんじん、たまねぎ、じゃがいも、豚肉を、黄色、緑、赤の
カードの下に貼っていきます。

● 繰り返し演じるときは、「豚肉はなに色の食べ
物かな？」などと子どもに尋ねて、答えても
らってもよいですね。

おしまい

※今回、「じゃがいも」は、野菜として
緑の食べ物に含みましたが、黄色の
食べ物に入れる場合もあります。

パネルシアター｜魚が好きになるお話

海のお魚いただきまーす!

おすしが魚や生き物から作られていることを伝えるシアターです。
おすしやさんになりきって、楽しく演じましょう。

案・指導／山本和子
絵人形イラスト／結城嘉徳
撮影／林均　モデル／鈴木貴子

★ このシアターに使うもの ★

型紙
P86〜87

保育者 ザザーン、ザザーン。
波の音がします。
ここは海の中です。

● 波を2つ、上の方に貼ります。

ここは海の中です

2

- まぐろを動かしながら

保育者 スイー、スイー。
あっ、大きな魚が来ましたよ。きみは、だあれ？

まぐろ ぼくは、まぐろだよ。大きくて、泳ぐのも速いんだ。

- まぐろを波より下に貼ります。

海のお魚いただきまーす！

3

- たいとさけを動かしながら

保育者 ヒラヒラ、ヒラヒラ。スイスイ、スイスイ。
今度やって来たのは、赤い魚と体の長い魚。
きみたちは、だあれ？

たい ヒラヒラヒラ。わたしは、たいよ。

さけ スーイスイ。わたしは、さけ。

- せりふに合わせて、たいとさけを貼ります。

45

4
- たこを動かしながら

保育者 くにゃりくにゃり。足が8本、だーれだ？

- 子どもたちの反応を待って

保育者 …そう、たこ！

- たこを貼ります。
- 「おひげが長いのは？」「足が10本なのは？」「とげとげのボールは？」と、子どもたちにクイズを出しながら、えび、いか、うにも貼ります。

足が8本、だーれだ？

とげとげの
ボールは？

足が
10本なのは？

おひげが
長いのは？

魚たちがいっぱーい！

5

保育者 海の中には、魚たちがいっぱーい！とっても楽しそうだね。

46

6

[保育者] 魚たちは海の中で元気に暮らしていました。
ところが、ある日…。まぐろが、ピューン！

● さっと波を外してから、まぐろを勢いよく外します。

7

[保育者] さけもピューン！　たこもピューン！
たいも、いかも、えびも、うにも、
ピューン、ピューン、ピューン、ピューン！

● せりふに合わせて、順番に魚たちを外していきます。

8

[保育者] あれあれ？　魚たち、
いなくなっちゃった。
どこへ行ったのかな？

海のお魚いただきまーす！

9

- 魚たちを縦2列に並べ、その上におすしのねたを横に並べて貼っていきます。

保育者 魚たちがやって来たのは、おすしやさん。みんな、おすしのねたになったのです。

- ねじり鉢巻きをして、おすしやさんになります。

おすしやさん へい、いらっしゃい！

10

さけの横には2種類のねた（サーモンといくら）を貼ります。

卵は適当な位置に貼ります。

おすしやさん 生きのいいまぐろにさけ、たこやたいもおいしいよ。えびといかもおすすめだ。うにもいいのがありますよ。そうそう、さけの卵のいくらと、卵焼き、とくらあ！

- せりふに合わせて、魚たちの横におすしのねたを貼っていきます。全て貼ったら、魚たちを外します。

11

おすしやさん あっ、さっそくお客さんが来たぞ。いらっしゃい！なにを握りましょうか。

12

（おすしやさん）へい、まぐろといくらだね？
はいよ、それ、きゅっきゅっきゅっと。

● しゃりにねたを重ねて、おすしを握るようなしぐさをします。
● できあがったおすしを差し出して

（おすしやさん）へい、おまちどぉ！
まぐろの握りと、いくらの軍艦巻きだよ。

13

（おすしやさん）さあ、今度はなんのおすしだい？
はい、えびとうにね。はいよ！
それ、きゅっきゅっきゅっ。
へい、おまちどぉ！
さてさて、お次はなんだい？

● 子どもたちの希望を聞いて、おすしを握るしぐさをし、できあがったらパネルに貼っていきます。

海のお魚いただきまーす！

14

● ねじり鉢巻きを外します。

（保育者）おいしそうなおすしが、
いっぱいできました！
みんなでいっしょに食べようね。
いただきまーす！

● おすしをパネルから外して食べるまねをします。

（保育者）おなかいっぱい。
ごちそうさまでした。

おしまい

パネルシアター | ゆかいな昔話

だいこんにんじんごぼう

だいこん、にんじん、ごぼうはなぜあんな色なのでしょう？
ゆかいな昔話をシアターにしました。

案・指導／山本和子
絵人形イラスト／うちべけい
撮影／林均　モデル／吉江瞳

★ このシアターに使うもの ★

だいこん（茶）　だいこん（白）　にんじん（茶）　にんじん（赤）　ごぼう　土俵　お風呂

型紙 P88〜89

1

保育者 むかしむかし、あるところに、
だいこんとにんじん、ごぼうがいました。
みんな土の中で育ったので泥だらけでした。

● だいこん（白）の上にだいこん（茶）、にんじん（赤）の上に
にんじん（茶）を重ねてパネルに貼り、ごぼうも貼ります。

土の中で育ったので泥だらけでした

2

お相撲が大好き！

どすこい！どすこい！

保育者 だいこんとにんじんとごぼうは、
お相撲が大好き！
毎日土俵の上で、
「どすこい！　どすこい！」と、
お相撲をとっていました。

● 土俵を貼り、相撲のつっぱりのポーズをします。

3

保育者 東〜、だいこん〜！
西〜、にんじん〜！
見合って、見合って…。
はっけよーい、
のこった！ のこった！

● 土俵の上で、相撲をしているように、
だいこんとにんじんを動かします。

4

保育者 どっすん！ だいこんの勝ち〜！

● にんじんが負けたように、横に倒して貼ります。

保育者 今度はだいこんとごぼうが、お相撲をとるよ！
はっけよい、のこった！ のこった！

● 3同様に、だいこんとごぼうが相撲をしているように動かします。

5

保育者 こうしてお相撲ばかりしていたので、
だいこんもにんじんもごぼうも、
ますます泥んこになってしまいました。
そこで…。

● 土俵を外して、だいこん、にんじん、ごぼうを並べて
貼ります。

だいこんにんじんごぼう

6

保育者 お風呂を沸かして入ることにしました。

● お風呂を出して貼ります。

「お風呂を沸かして入ることにしました」

「体をきれいに洗おう！」

7

保育者 最初にお風呂に入ったのは、だいこんです。だいこんは、「体をきれいに洗おう！」と、ごしごし、ごしごし、こすったので…。

● お風呂の切り込みにだいこんをさし込み、手の下まで入れます。

8

「真っ白になっていました！」

保育者 お風呂から出ると、真っ白になっていました！

● 重ねていただいこん（白）だけを上に抜き出すようにして、だいこん（茶）は、お風呂の下から素早く引き抜きます。

「真っ赤になっていました！」

9

保育者 次にお風呂に入ったのは、にんじんです。にんじんは、「よし、いっぱい温まろう！」と、熱いのを我慢してゆっくり入っていたので…。

● 7と同様に、にんじんをお風呂にさし込みます。

保育者 お風呂から出ると、真っ赤になっていました！

● 8と同様に、にんじん（赤）を上に抜き出して、にんじん（茶）は、お風呂の下から素早く引き抜きます。

10

保育者　最後にお風呂に入ったのは、ごぼうです。
　　　　ごぼうは、先をちょっとお湯につけただけで、
　　　　「あちちちっ！」。

● ごぼうの先を、少しだけお風呂に入れます。

あちちちっ！

熱くて入れないよー！

11

保育者　「熱くて入れないよー！」と
　　　　飛び出してしまって、お風呂に入らなかったので、
　　　　泥んこのままでした。

● ごぼうをお風呂から飛び出させるようにして貼ります。

12

保育者　だから、だいこんは真っ白に、
　　　　にんじんは真っ赤に、
　　　　ごぼうは茶色になって
　　　　しまったんですって。

● お風呂を外して、だいこん（白）とにんじん（赤）、ごぼうを並べて貼ります。

ごぼうは茶色になってしまったんですって

おしまい

パネルシアター ｜歯みがきが楽しくなるお話｜
食べたらみがこう

子どもたちに歯みがきの大切さを伝えるシアターです。
いっしょにうたい、いっしょに歯みがきの動作をして楽しみましょう。

案・指導・人形製作／月下和恵
絵人形イラスト／楢原美加子
撮影／正木達郎　モデル／城品萌音
作り方イラスト／河合美穂

★ このシアターに使うもの ★

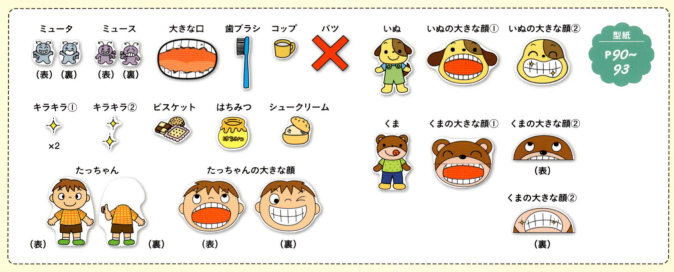

1

保育者 おいしいごはんやおやつを食べたあと、
ちゃんと歯みがきをしているかな？
歯みがきをしていない人はいないかな？

● キョロキョロと探すふりをします。

保育者 あれれ、なにかがやって来たみたい。
えっ、見えない？
じゃあ、みんなにも見えるように、
チチンプイのプイ！

● パネルの方を見ながら、おまじないをかけるしぐさをします。

2

- ミュータ(表)とミュース(表)を出します。

ミュータ・ミュース おれたちゃ、虫歯きんだぞ。

ミュータ おれミュータ。

ミュース おれミュース。

ミュータ・ミュース 甘い物が大好きさ!

保育者 たいへんだよ、みんな! 虫歯きんだって!!

3

- 大きな口を出して、下の歯のところにあるポケットに、ミュータとミュースをさし込みます。ビスケットとはちみつとシュークリームを左上に、歯ブラシとバツを右下に貼ります。

ミュータ・ミュース おれたちゃ、口の中に残った食べかすを食べるのさ。歯に穴を開けて、虫歯にしちゃうぞ。さぁ、みんな、甘いお菓子で虫歯になろう! 歯みがきはやめて虫歯になろう!!

4

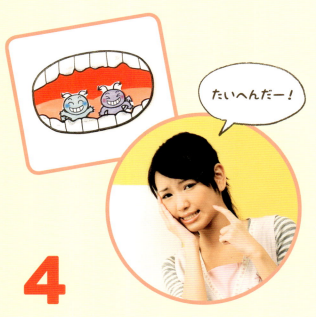

たいへんだー!

- ビスケット、はちみつ、シュークリーム、歯ブラシ、バツを外します。

保育者 たいへんだー! 虫歯は痛いし、大切な歯が虫歯になったら、ごはんが食べられなくなっちゃうね。虫歯きんって本当は目に見えないくらい小さいんだよ。どうやって退治しようか?

- ミュータとミュースの入った大きな口を外します。

5

ビスケットを食べたあと、歯みがきした?

保育者 どうしよう〜。あっ、そうだ! 歯みがきだね。食べたあと、歯を磨けばいいんだ。

- いぬを出します。

保育者 あ、いぬさんだ。こんにちは。

いぬ こんにちは。ぼくね、今、おいしいビスケットを食べたんだ。

- ビスケットを出します。

保育者 いぬさん、ビスケットを食べたあと、歯みがきした? え? まだなの? 虫歯きんにねらわれちゃうから、歯みがきしようよ。

- 歯ブラシを出します。

食べたらみがこう

6

● いぬの大きな顔①を出して、重ねて貼り、コップを出して貼り、歯ブラシを手に持って、いぬの歯をみがくように動かしながら、「♪食べたらみがこう」の歌をうたいます。

♪ いぬさん　いぬさん　おくちを　あーん
　シュ　シュ　シュ　シュ
　シャカ　シャカ　シャカー
　ビスケット　たべたら　みがきます
　シャカ　シャカ　シャカ
　クチュ　クチュ　クチュ
　おみずで　ブクブク
　ブクブクブクブクのパッ！

7

● ビスケットを外し、いぬの大きな顔②を出して、重ねて貼ります。

（いぬ）ピカッ！　あーいい気持ち！

● くまを出します。

（保育者）あれ、今度はくまさんがやって来たよ。くまさん、はちみつ食べたでしょ？

（くま）えっ！　どうしてわかったの？

（保育者）口の周りにはちみつがついてるよ。食べたら歯みがきしなくちゃね！

8

● いぬを外し、くまを中央に移動します。
● くまに大きな顔①を重ねくまの大きな顔②（表）が見えるように貼り、はちみつを貼ります。6と同様に2番の歌詞でうたいながら、くまの歯みがきをします。

9

● はちみつを外し、くまの大きな顔②（表）を下げ、（裏）が見えるようにします。

（くま）ピカッ！　あーいい気持ち。
ぼくたちの歯はきれいになったけれど、たっちゃんは歯みがきした？

● たっちゃん（表）を出します

（たっちゃん）えへへ、シュークリームおいしかったから、このままでいいよ。

● ミュータ（表）とミュース（表）をボードの脇からのぞかせます。

（ミュータ・ミュース）しめしめ、たっちゃんを虫歯にできるぞ。

（保育者）だめだめ！
ミュータとミュースがねらっているよ！

● くまを外します。

ミュータとミュースがねらっているよ！

10

たっちゃん 虫歯になるのは嫌だよー！
やっぱりちゃんとみがこう。

- 大きな顔のポケットにたっちゃんの顔を挟むように貼り、（表）が見える状態にします。シュークリームとミュータ（表）とミュース（表）を出します。
- 6と同様に3番の歌詞でうたいます。歌詞に合わせて歯をみがいたり、口元にコップを近づけてうがいをしたりするように動かしながらうたいましょう。

11

- シュークリームを外し、たっちゃんを裏返して、キラキラ①②を貼ります。

たっちゃん ピカッ！ わー、すごく気持ちいいね。

- いぬとくまを出し、ミュータとミュースを（裏）にします。

ミュータ うわー、みんなの歯がきれいになっちゃった。

ミュース 歯みがきされたら、もうだめだー！

- ミュータとミュースをさっと外します。

保育者 みんないつもしっかりみがいて、
虫歯にならないようにしようね。

おしまい

★ 作り方 ★

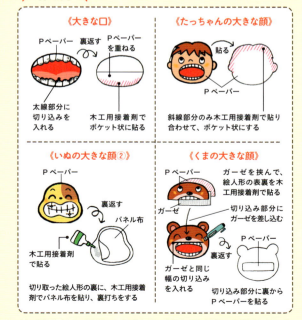

くまの顔を作るとき、切り込みにさし込むガーゼを引っ張りすぎないよう注意しましょう。
上げ下げをするとき、安定しにくくなります。

♪ 食べたらみがこう　　作詞・作曲／月下和恵

パネルシアター ｜ 栄養バランスのお話

3つの色の食べ物列車

赤、黄色、緑の食べ物のグループを、かわいい列車で表現したシアターです。
いろいろな食材で、子どもたちといっしょに楽しみましょう。

案・指導／山本和子
絵人形イラスト／すぎやままさこ
撮影／林均　モデル／鈴木貴子

★ このシアターに使うもの ★

赤の食べ物列車 （機関車、客車）	黄色の食べ物列車 （機関車、客車）	緑の食べ物列車 （機関車、客車）	ハンバーグ	しゃけ	ウインナソーセージ	型紙 P94〜95
×3	×3	×3				

ごはん	パン	スパゲッティー	レタス	ブロッコリー	そらまめ	卵焼き	いちご	プチトマト	サンドイッチ

から揚げ	おにぎり①	おにぎり②	バナナ	みかん	にんじん

1

「なにか音が聞こえてきますよ」

保育者 あれ？　なにか音が聞こえてきますよ。
　　　　　しゅっしゅっ　ぽっぽ　しゅっしゅっ　ぽっぽ
　　　　　わあ、赤い列車がやって来ました！

● 保育者は、赤の機関車を動かしながら出し、パネルに貼ります。

赤の食べ物列車 やあ、ぼくは体を作る、
　　　　　　　　　赤の食べ物を乗せる赤の食べ物列車だよ！

保育者 しゅっしゅっ　ぽっぽ
　　　　　ごとん　ごとん　ごとん

● 赤の機関車の後ろに、赤の客車を並べて貼ります。

「赤の食べ物列車だよ！」

2

「黄色の食べ物列車よ」

保育者 しゅっしゅっ ぽっぽ
しゅっしゅっ ぽっぽ
ごとん ごとん ごとん
今度は、黄色の列車が来ましたよ！

黄色の食べ物列車 わたしは力のもとになる
黄色の食べ物を乗せる、
黄色の食べ物列車よ。

● 赤の食べ物列車の下に、黄色の機関車と客車を貼ります。

3

保育者 あれ？ また聞こえてきますよ。
しゅっしゅっ ぽっぽ
しゅっしゅっ ぽっぽ
ごとん ごとん ごとん
緑の列車もやって来ました！

緑の食べ物列車 ぼくは、体の調子をよくする
緑の食べ物を乗せる、
緑の食べ物列車なんだ！

● 黄色の食べ物列車の下に、緑の機関車と客車を貼ります。

「緑の列車もやって来ました！」

「緑の食べ物列車なんだ！」

4

「なになに…？」

保育者 赤と黄色と緑、
３つの色の食べ物列車がそろいましたね。
食べ物列車さんたちは、
どんなお客さんを乗せるのかな？ なになに…？

● 機関車に耳を近づけて、話を聞くしぐさをします。

赤の食べ物列車 ぼくは、肉や魚を乗せるんだ。卵もどうぞ。

黄色の食べ物列車 わたしは、ごはんやパンや麺を乗せるの。

緑の食べ物列車 ぼくは、野菜や果物を乗せるよ。

5

- ハンバーグとしゃけを出します。

保育者 あっ、お客さんたちがやって来ましたよ。最初はハンバーグくんと、しゃけさんね。肉と、魚だから…。

ハンバーグ・しゃけ ぼくたち、赤の食べ物列車に乗るんだよね。それ、ぴょこん！

- ハンバーグとしゃけを赤の客車の上に貼り、ウインナソーセージを出します。

ウインナソーセージ わたしも乗せてー。

- ウインナソーセージを赤の客車の上に貼ります。

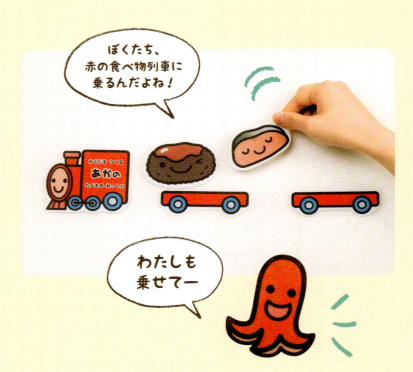

6

- ごはんとパンを出します。

保育者 続いて来たのは、ごはんさんにパンちゃんね。どの食べ物列車に乗るのかな？

ごはん・パン わたしたちは、黄色の列車よ。あっ、スパゲッティーちゃんも、早く、早く！

スパゲッティー 待って、待って〜！

- ごはん、パンを黄色の客車の上に貼ります。あとから追いかけてくるように、スパゲッティーも貼ります。

「緑三兄弟が やって来た！」

7

- レタスとブロッコリーとそらまめを出します。

（保育者）わあ、レタス、ブロッコリー、そらまめの緑三兄弟がやって来た！

（緑三兄弟）野菜のぼくたちが乗るのは、もちろん緑の食べ物列車だよ。ぴょこん、ぴょこん、ぴょこん！

- レタスとブロッコリーとそらまめを、緑の客車の上に貼ります。

「もちろん緑の食べ物列車だよ！」

8

「黄色の食べ物列車かな？」「ちょっと待って」「赤の食べ物列車ね」

- 卵焼きを出します。

（卵焼き）ええと、わたしが乗るのは、体と同じ色の黄色の食べ物列車かな？

（保育者）ちょっと待って、卵焼きちゃん。たしか卵が乗るのは…。

（赤の食べ物列車）卵焼きちゃん、卵はこっちこっち。

（卵焼き）そうか、赤の食べ物列車ね。

- 卵焼きと赤の機関車が話しているように動かしてから、卵焼きを赤の客車の上に貼ります。

9

「赤の食べ物列車……？」「いちごちゃんとプチトマトちゃんの真っ赤っかコンビ」「詰めて、詰めて」

- いちごとプチトマトを出します。

（保育者）あっ、今度はいちごちゃんとプチトマトちゃんの真っ赤っかコンビ。乗るのは、赤の食べ物列車…？ じゃないよね。野菜や果物は…そう、緑の食べ物列車ね！

（いちご・プチトマト）いっしょに乗ろう！ 緑三兄弟。

- いちごとプチトマトを緑の客車の上に貼ります。

3つの色の食べ物列車

61

「どの列車に乗れば いいと思う?」

10 （保育者）食べ物たちがどんどんやって来ますよ。
みんな、どの列車に乗ればいいと思う?

- いろいろな食材を出し、子どもたちにどの食べ物列車に乗せるのか、聞きながら貼っていきます。

「お客さんで いっぱいに なりました」

11 （保育者）さあ、体を作る赤の食べ物列車も、
力のもとになる黄色の食べ物列車も、
体の調子をよくする緑の食べ物列車も、
お客さんでいっぱいになりました!

※サンドイッチは、挟む具によって赤や緑の要素も含まれますが、
ここではパンとして黄色の列車に乗せています。

「みんなの所へ 出発です!」

12 （保育者）しゅっしゅっ ぽっぽ
しゅっしゅっ ぽっぽ
食べ物列車の出発です!
みんなの所へ出発です!

おしまい

コピー用 型紙集

型紙 P00~00 このマークが付いているシアターの型紙コーナーです。必要な大きさにコピーしてご利用ください。

P6~9  カレーライスのうた

－・－・－ 山折り

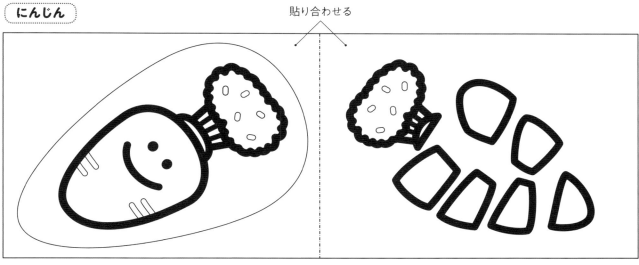

にんじん　　貼り合わせる

（表）　　　　　　　　　　　　　　　　　　　　　　（裏）

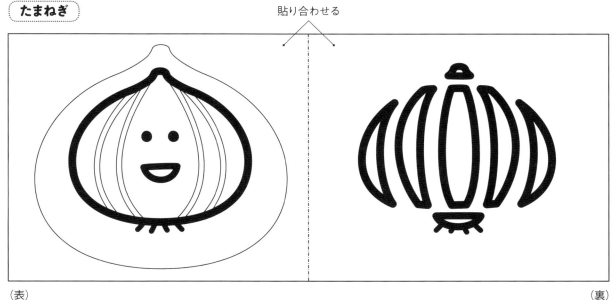

たまねぎ　　貼り合わせる

（表）　　　　　　　　　　　　　　　　　　　　　　（裏）

このメッセージが見えるまで開くときれいにコピーすることができます。

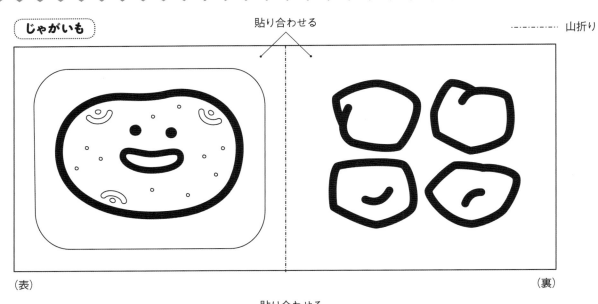

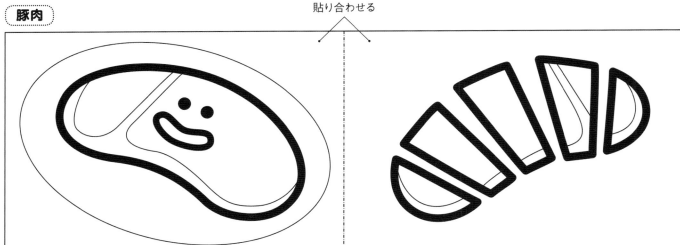

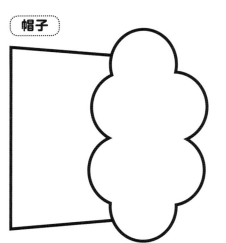

※約400%に拡大コピーをしてください。
※帯状の紙と輪ゴムを付けて帽子にします。

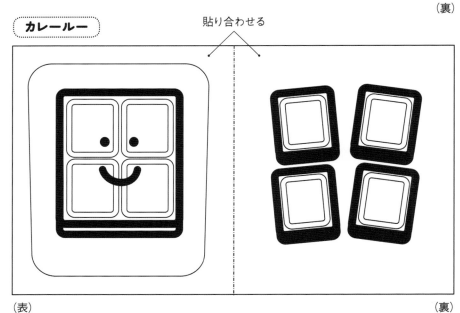

このメッセージが見えるまで開くときれいにコピーすることができます。

P10~13　いっしょに遊ぼうトマトちゃん

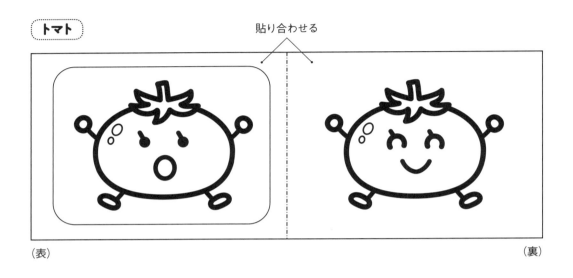

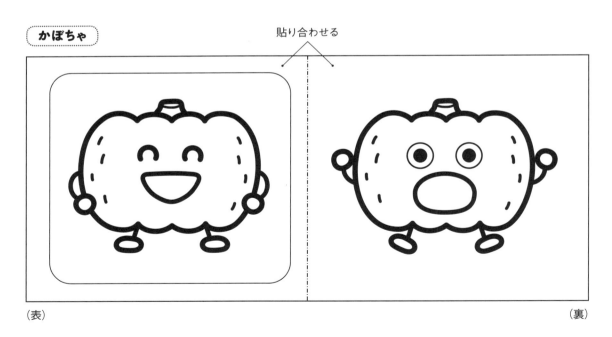

・―・―・―　山折り

なす

貼り合わせる

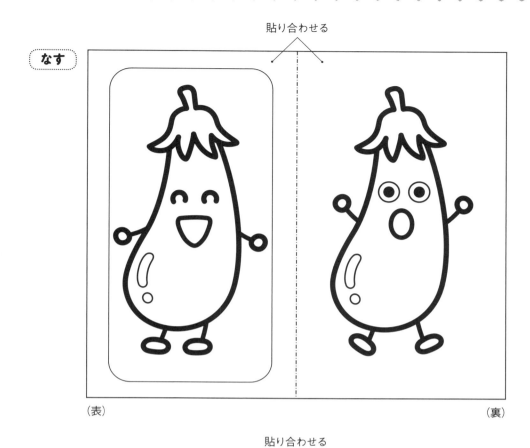

(表)　　　　　　　　　　　　　　(裏)

きゅうり先生

貼り合わせる

山折り　(表)　　　　　　　　　　　　　　(裏)

このメッセージが見えるまで開くときれいにコピーすることができます。

プール／草　　　　　　　　　　　　　------- 山折り

(表)

(裏)

貼り合わせる

このメッセージが見えるまで開くときれいにコピーすることができます。

太陽　　　茂み

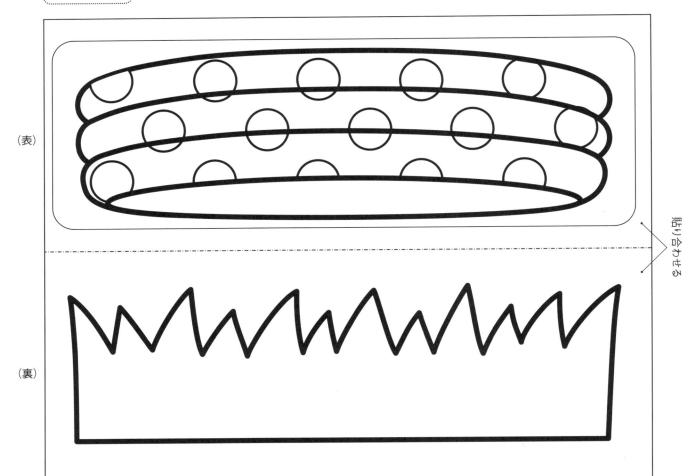

P14~17 おいしい秋クイズ

……… 山折り

めいちゃん　貼り合わせる

（表）　　　　　　　　　　　　　　　　　（裏）

ともくん　貼り合わせる

（表）　　　　　　　　　　　　　　　　　（裏）

このメッセージが見えるまで開くときれいにコピーすることができます。

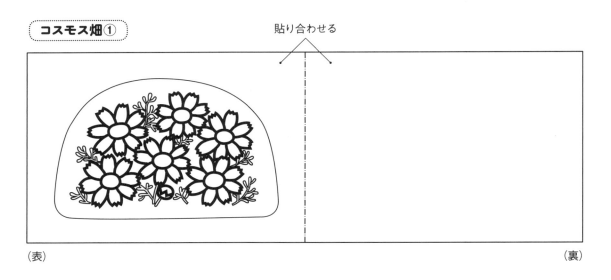

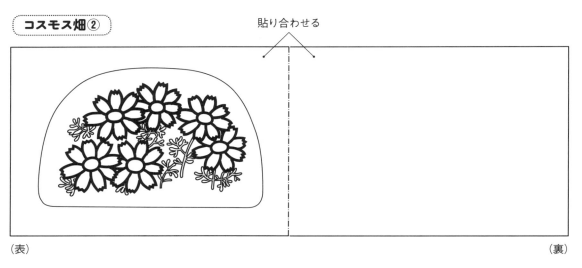

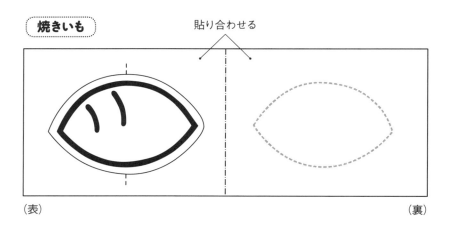

※焼きいも、くり、ぶどう、なしは、(裏)のみ着色してください。

------- 山折り

このメッセージが見えるまで開くときれいにコピーすることができます。

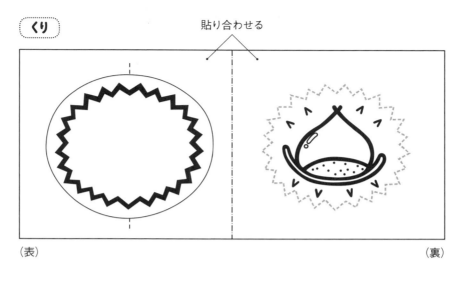

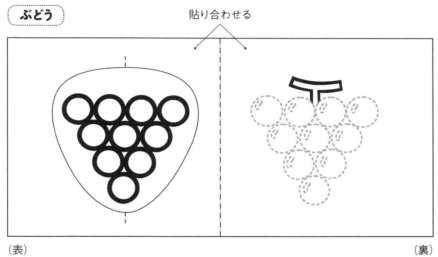

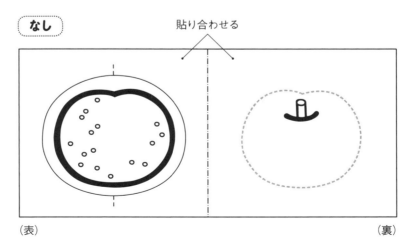

※焼きいも、くり、ぶどう、なしは、
　（裏）のみ着色してください。

-・-・-・- 山折り

71

P18~21 お豆腐とお味噌のけんか

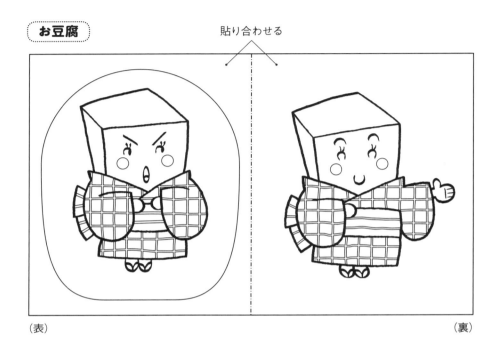

お豆腐　貼り合わせる
（表）　（裏）

お味噌　貼り合わせる
（表）　（裏）

・・・・・ 山折り

このメッセージが見えるまで開くときれいにコピーすることができます。

こんにゃく

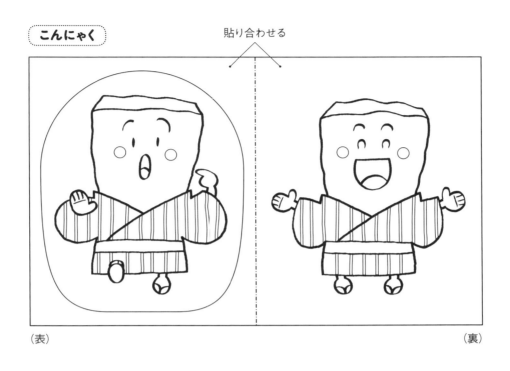

(表)　　　　　　　　　　　　　　　(裏)

ふきだし／お味噌汁

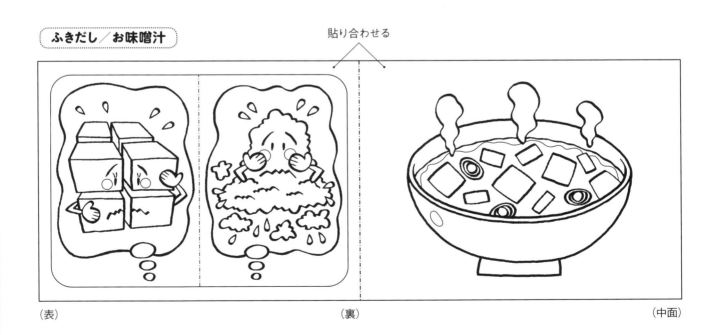

(表)　　　　　　　　　(裏)　　　　　　　　　(中面)

このメッセージが見えるまで開くときれいにコピーすることができます。

貼り合わせる

・-・-・-・ 山折り

P.22~27 おもちつきでござる

………… 山折り

黄色忍者

貼り合わせる

(表) (裏) (中面)

緑忍者

貼り合わせる

(表) (裏) (中面)

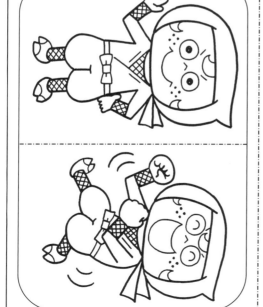
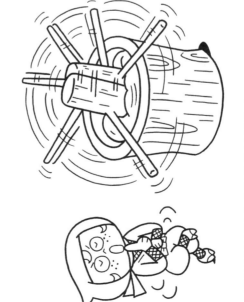

このメッセージが見えるまで開くときれいにコピーすることができます。

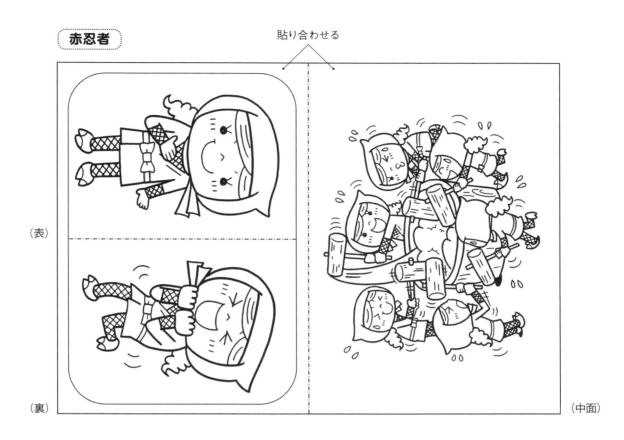

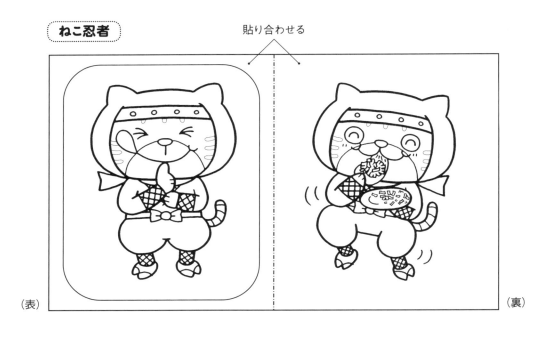

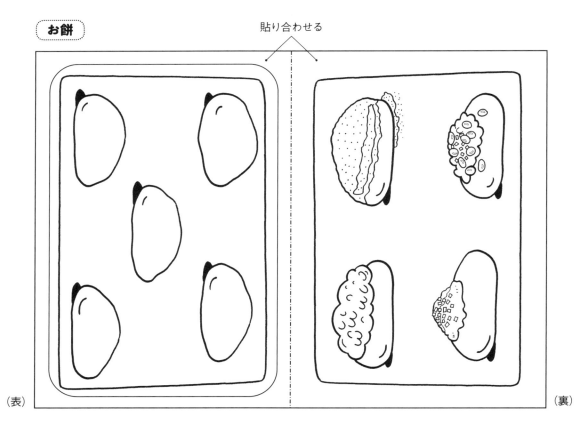

山折り

このメッセージが見えるまで開くときれいにコピーすることができます。

P.28~32 食べるでござる

········· 山折り

赤忍者

貼り合わせる

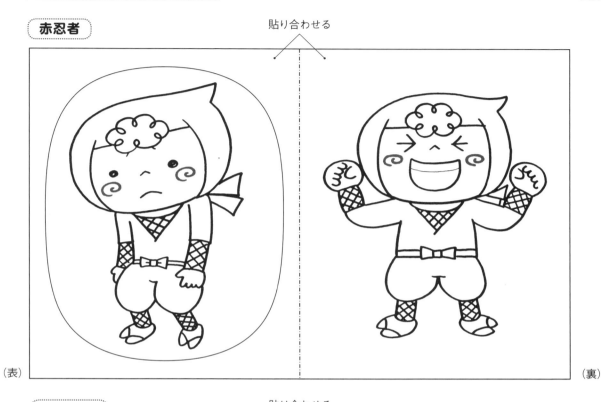

(表) (裏)

黄色忍者

貼り合わせる

(表) (裏)

このメッセージが見えるまで開くときれいにコピーすることができます。

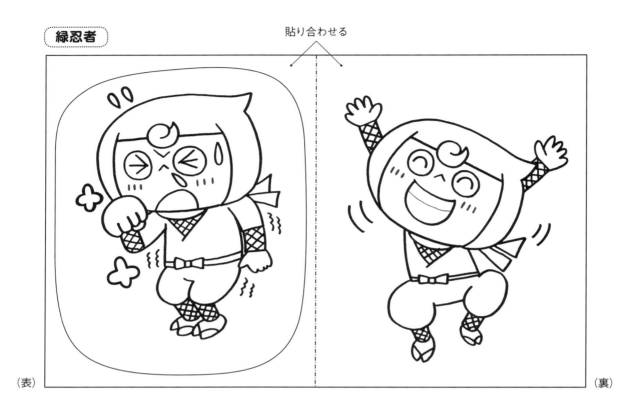
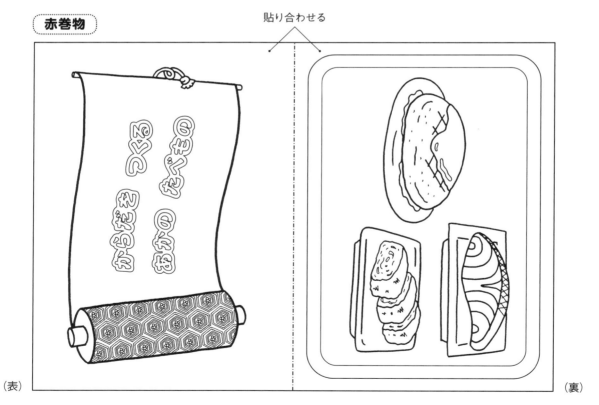

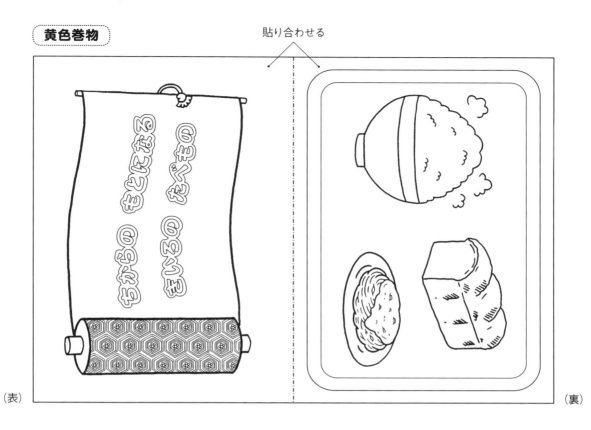
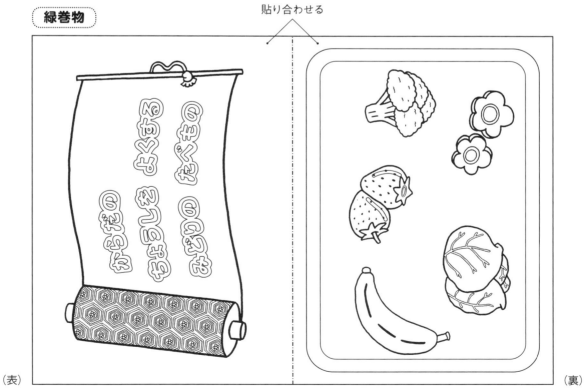

お師匠様

貼り合わせる

(表) (裏)

ねこ忍者

貼り合わせる

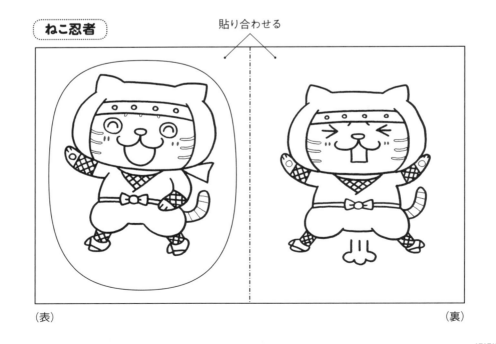

(表) (裏)

---・---・--- 山折り

このメッセージが見えるまで開くときれいにコピーすることができます。

P34~37　おべんとうばこのうた

このメッセージが見えるまで開くときれいにコピーすることができます。

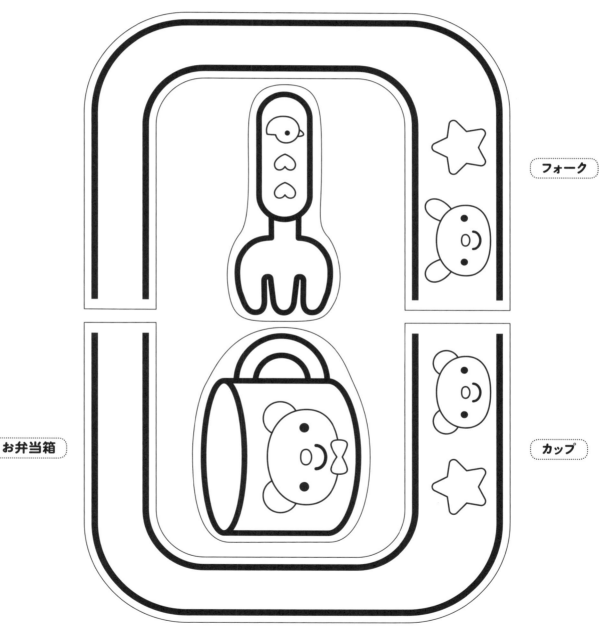

お弁当箱

フォーク

カップ

※★の食べ物は、P58〜62の「3つの色の食べ物列車」にもお使いいただけます。

替え歌アレンジの食べ物

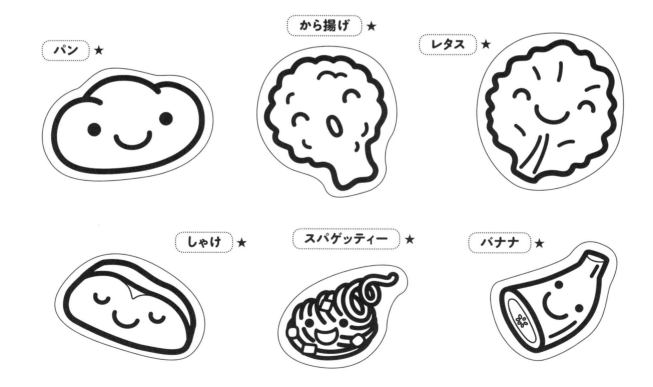

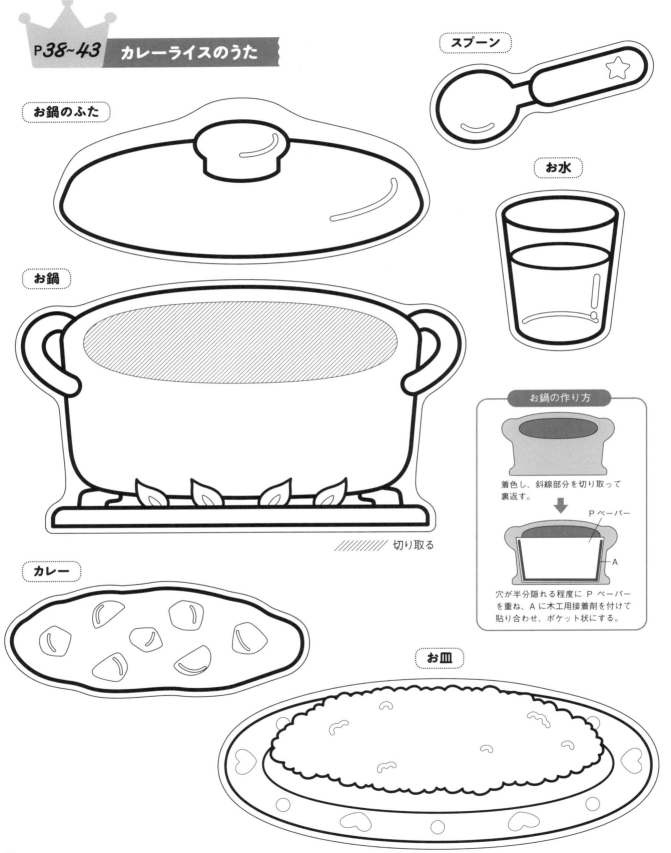

このメッセージが見えるまで開くときれいにコピーすることができます。

ごはん

豚肉

じゃがいも

たまねぎ

にんじん

お塩

こしょう

切った材料

カレールー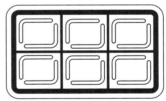

赤の食べ物

黄色の食べ物

緑の食べ物

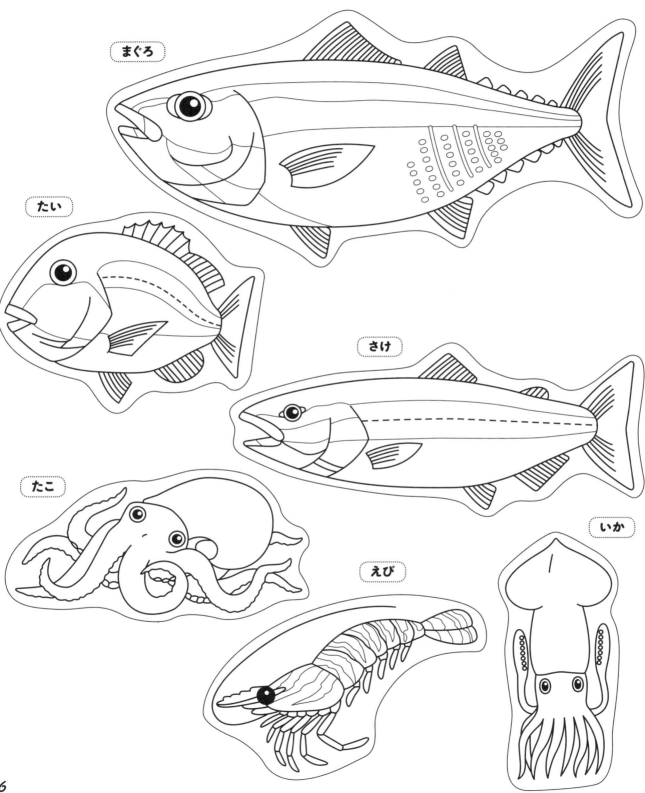

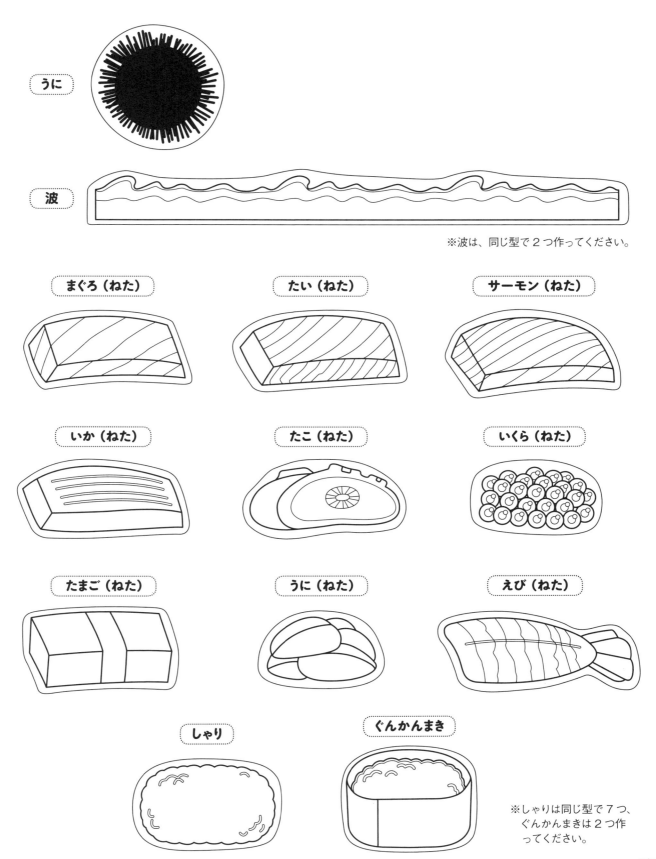

P50~53 だいこんにんじんごぼう

だいこん（茶）
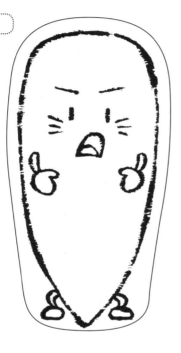

だいこん（白）
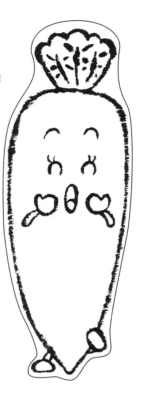

にんじん（茶）

にんじん（赤）

このメッセージが見えるまで開くときれいにコピーすることができます。

ごぼう

土俵

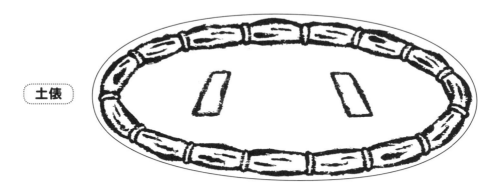

お風呂

お風呂の作り方

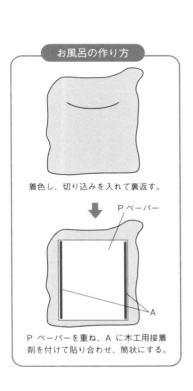

着色し、切り込みを入れて裏返す。

↓

Pペーパー

Pペーパーを重ね、Aに木工用接着剤を付けて貼り合わせ、筒状にする。

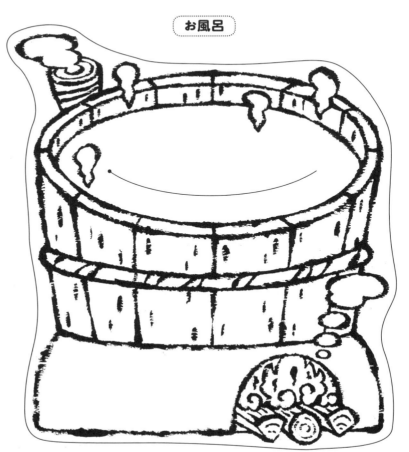

このメッセージが見えるまで開くときれいにコピーすることができます。

●──── 切り込み線

P54~57 食べたらみがこう

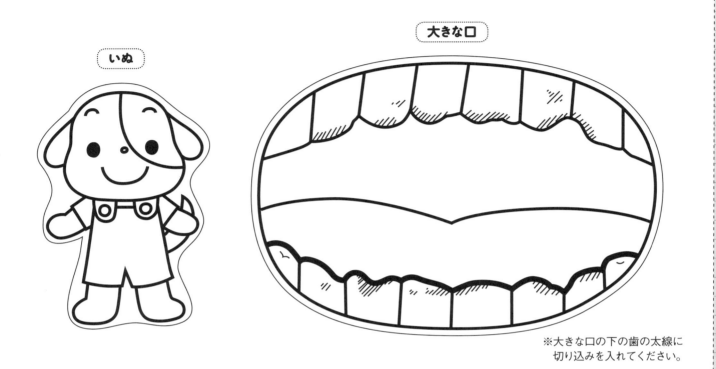

※大きな口の下の歯の太線に切り込みを入れてください。

このメッセージが見えるまで開くときれいにコピーすることができます。

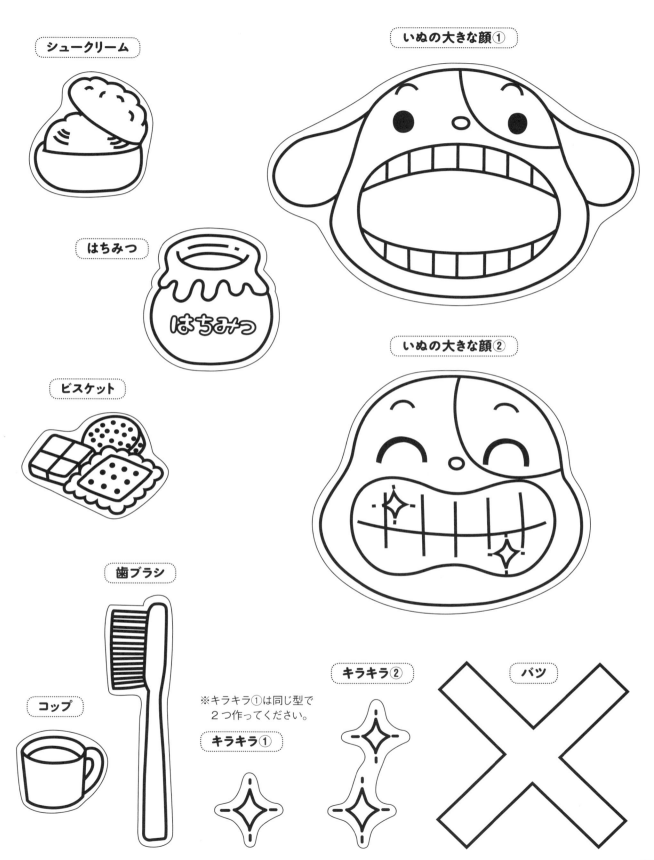

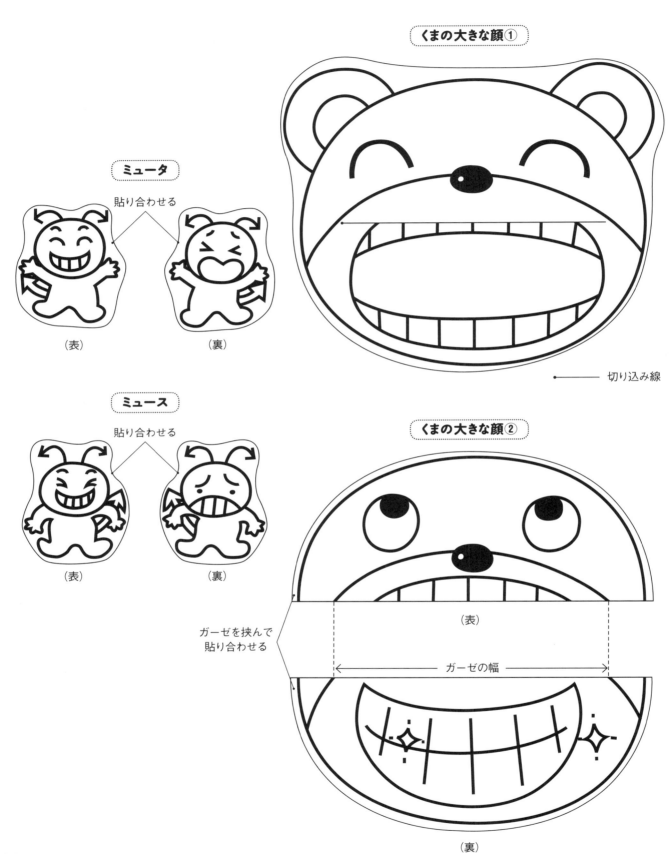

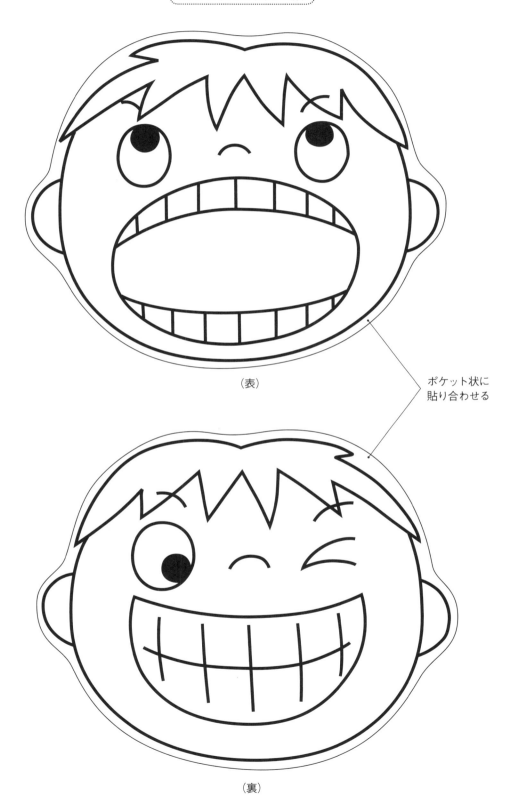

P58〜62　3つの色の食べ物列車

※☆の食べ物は、P34〜37の「おべんとうばこのうた」にもお使いいただけます。

赤の食べ物列車
機関車

黄色の食べ物列車
機関車

緑の食べ物列車
機関車

客車

※客車は、赤・黄色・緑の3色とも共通です。それぞれ3つ作ってください。

ウインナソーセージ ☆

しゃけ ☆

ハンバーグ ☆

レタス ☆

卵焼き ☆

スパゲッティー ☆

パン ☆

ごはん

このメッセージが見えるまで開くときれいにコピーすることができます。

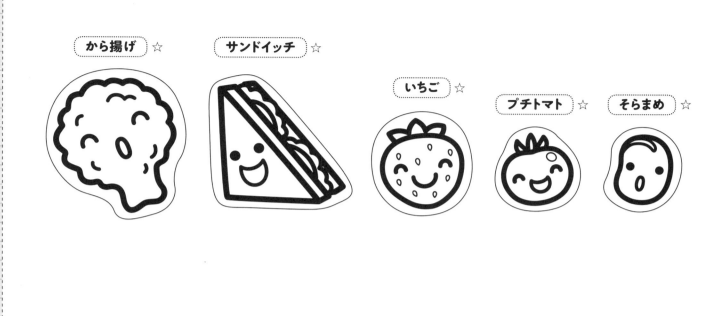
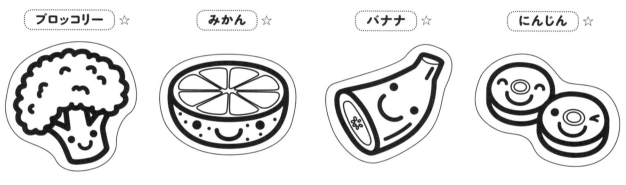
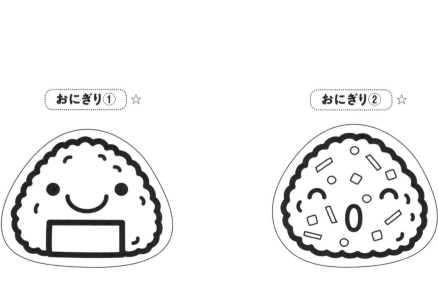

★ 案・指導 (50音順)

浅野ななみ（乳幼児教育研究所）、阿部恵（道灌山学園保育福祉専門学校保育部長、道灌山幼稚園主事）、月下和恵（東京保育専門学校講師、羽田幼児教育専門学校）、山本和子（童話作家、シアター作家）

★ 絵人形イラスト (50音順)

アキワシンヤ、うちべけい、加藤直美、すぎやままさこ、楢原美加子、冬野いちこ、みさきゆい、結城嘉徳

カバーイラスト／鈴木博子
カバー・本文デザイン／大藪胤美、福田礼花（株式会社フレーズ）
モデル／池田裕子、石塚かえで、伊藤有希菜、遠藤都、大貫真代、城品萌音、鈴木貴子、
　　　　堤なぎさ、原田舞美、吉江瞳
型紙トレース／金入亜希子、奏クリエイト、プレーンワークス
作り方イラスト／河合美穂、みつき
撮影／正木達郎、林均
本文校正／有限会社くすのき舎
編集／田島美穂

ポットブックス
HAPPY 食育シアター　ペープサート＆パネルシアター

2016年10月　初版第1刷発行
2023年 1 月　　第2刷発行

編　者／ポット編集部　©CHILD HONSHA CO.,LTD. 2016
発行人／大橋 潤
編集人／竹久美紀
発行所／株式会社チャイルド本社
　　　　〒112-8512　東京都文京区小石川5-24-21
電　話／03-3813-2141（営業）　03-3813-9445（編集）
振　替／00100-4-38410
印刷・製本／共同印刷株式会社
日本音楽著作権協会（出）許諾第 1609605-202 号
ISBN978-4-8054-0253-5
NDC376　26×21cm　96P　Printed in Japan

本書の型紙を含むページをコピーして頒布・販売すること、及びインターネット上で公開することは、著作権者及び出版社の権利の侵害となりますので、固くお断りします。また、本書を使用して製作したものを第三者に販売することはできません。

★ チャイルド本社ホームページアドレス　http://www.childbook.co.jp/
チャイルドブックや保育図書の情報が盛りだくさん。どうぞご利用ください。

■乱丁・落丁本はお取り替えいたします。
■本書の無断転載、複写複製（コピー）は、著作権法上での例外を除き禁じられています。
■本書を代行業者等の第三者に依頼してスキャンやデジタル化することは、たとえ個人や家庭内の利用であっても、著作権法上、認められておりません。